学前儿童游戏理论与实践研究

王玉凤 著

延吉·延边大学出版社

图书在版编目（CIP）数据

学前儿童游戏理论与实践研究 / 王玉凤著. -- 延吉：延边大学出版社，2024.6. -- ISBN 978-7-230-06773-7

Ⅰ. G613.7

中国国家版本馆CIP数据核字第2024A580U0号

学前儿童游戏理论与实践研究

著　　者：	王玉凤
责任编辑：	王宝峰
封面设计：	文合文化
出版发行：	延边大学出版社
地　　址：	吉林省延吉市公园路977号　　邮　编：133002
网　　址：	http://www.ydcbs.com　　E-mail：ydcbs@ydcbs.com
电　　话：	0433-2732435　　传　真：0433-2732434
印　　刷：	长春市华远印务有限公司
开　　本：	787毫米×1092毫米　1/16
印　　张：	8.25
字　　数：	180千字
版　　次：	2024年6月第1版
印　　次：	2024年7月第1次印刷
书　　号：	ISBN 978-7-230-06773-7
定　　价：	68.00元

前　言

　　学前教育是儿童成长发展的重要阶段，而游戏教学作为一种有效的教学方式，已在学前教育中得到广泛应用。在学前期，儿童的基本活动是游戏。游戏也是学前儿童最喜欢、最适宜、最需要的活动，是学前儿童一日生活中必不可少的组成部分。作为学前教育工作者，必须树立正确的教育观，尊重游戏在学前儿童教育中应有的价值和地位。同时，学前教育工作者也要掌握游戏的相关理论知识，熟悉游戏与学前儿童发展之间的关系，掌握开展和指导各类游戏的必要技能，从而不断提高自身素质，为我国学前教育事业贡献自己的力量。

　　本书共包括六章。第一章概述学前儿童游戏的基本概念，对学前儿童游戏的本质、特点、分类、价值进行了重点阐述。第二章介绍学前儿童游戏理论，包括经典游戏理论和现代游戏理论。第三章介绍学前儿童游戏的影响因素，以及学前儿童游戏的环境规划。第四章针对教师在学前儿童游戏中的作用和介入策略进行介绍。第五章论述了四种类型学前儿童游戏的组织和指导方式。第六章介绍学前儿童游戏观察与评价的方法和要点。

　　本书在充分运用国内外学前儿童游戏研究和实践所获得的丰富成果的基础上，综合一线学前儿童教育工作者的实践经验，论述了学前儿童游戏的本质以及对学前儿童的教育作用，突出课程理论性与实践性相结合的特点，旨在提高教师对学前儿童游戏的重视程度。

　　本书由王玉凤负责编写，肖晓雪、傅小格、朱静、李丹丹负责整理书稿。本书在写作过程中，参阅了大量的相关书籍和文献，并借鉴了相关专家、学者的观点，在此一并表示深深的感谢。由于时间仓促和个人能力有限，书中难免出现错误或遗漏之处，恳请广大读者批评指正。

目 录

第一章　学前儿童游戏概述 ·· 1

　　第一节　学前儿童游戏的本质和特点 ·· 1
　　第二节　学前儿童游戏的分类 ·· 8
　　第三节　学前儿童游戏的价值 ·· 17

第二章　学前儿童游戏理论 ·· 35

　　第一节　经典游戏理论 ·· 35
　　第二节　现代游戏理论 ·· 37

第三章　学前儿童游戏的影响因素和环境规划 ·· 47

　　第一节　学前儿童游戏的影响因素 ·· 47
　　第二节　学前儿童游戏的环境规划 ·· 59

第四章　教师在学前儿童游戏中的作用及介入策略 ·································· 74

　　第一节　教师在学前儿童游戏中的作用 ·· 74

第二节　教师介入学前儿童游戏的策略…………………………………… 79

第五章　学前儿童游戏的组织和指导…………………………………… 82

　　第一节　练习性游戏的组织与指导………………………………………… 82

　　第二节　象征性游戏的组织与指导………………………………………… 88

　　第三节　结构游戏的组织与指导…………………………………………… 101

　　第四节　规则游戏的组织与指导…………………………………………… 105

第六章　学前儿童游戏的观察与评价…………………………………… 108

　　第一节　学前儿童游戏观察概述…………………………………………… 108

　　第二节　学前儿童游戏观察的方法与记录分析…………………………… 114

　　第三节　学前儿童游戏的评价……………………………………………… 119

参考文献……………………………………………………………………… 124

第一章 学前儿童游戏概述

第一节 学前儿童游戏的本质和特点

一、学前儿童游戏的本质

多年来，学前儿童游戏的现象引起了很多心理学家、教育学家甚至社会学家、人类学家等的关注和探究，他们一直试图解释游戏这种现象。但是，由于研究者学术背景不同，观察问题的角度不同，所以对游戏的认识也不同。

什么是儿童的游戏？应当如何定性和定义游戏？为什么游戏都曾经令所有的儿童为之着迷？

游戏伴随着学前儿童发展，学前儿童在游戏中成长。游戏是一种普遍的社会现象，各种文化的社会都有游戏，可能各有特点，却存在更多相似的形式和共同的性质。游戏的历史没有尽头，有了人类就有了游戏，游戏随着人类社会的持续进步而不断发展，人们从不同的角度关注着学前儿童游戏的行为，许多心理学家和教育学家都提出了自己的游戏理论。当研究者们把游戏作为研究对象，试图给出一个明确的、大家公认的定义时，却发现这是一件非常困难的事情。不同领域的学者们从不同的视角对游戏有着不同的本质认识。认识不同，则定义不同。

（一）词源学中的游戏

从词源学视角看，在古汉语中，"游"的原意是形容锦旗在空中悠然飘荡的形状。与之相关的词是"遊遨"。"遊"的本义是行走、远行，偏于"足动"，引申为游览、游玩，另有逍遥、优游之意。"遨"亦作"敖"，有遨游、游逛的意思。

"戏"则同"嬉"，与"游"相比，偏于言动。与之相关的词是"谑嘲"。"嬉""戏"二字常连用，如《史记·律书》中有"自年六七十翁亦未尝至市井，游敖嬉戏如小儿状"，接近于现代的"游戏"之意。尤其是"嬉"，侧重言笑游乐方面，其特征是自我娱乐，与"遨"相比往往带有贬义，如韩愈《进学解》中有"业精于勤，荒于嬉"，"嬉"被看作妨碍学业的事情而遭排斥。

"游""戏"二字连为一个词，用在文献里慢慢演变成一种轻松、休闲、自在的娱乐活动，同时带有"无意义""无价值""不认真，玩世不恭"的意思。

英语中与游戏相关的词有play和game。game一词多指有规则的竞技活动，与汉语中的"博弈""搏戏"等词相仿。而play则有"玩"和"游戏"的含义，与现代汉语中"游戏"的意义一致。play既可用作名词又可用作动词。play作为名词，泛指一类活动的总称，包括竞技活动，也包括小孩的角色游戏、舞台表演、玩笑幽默等；作为动词，则泛指操作摆弄各种物品、材料，如球类、乐器类等令人愉快轻松的、没有负担的活动。

（二）生物学中的游戏

从生物学视角看，19世纪下半叶，受达尔文生物进化论思想的直接影响，人们以对动物的游戏研究来解释儿童游戏，把游戏看成是一种生物现象，是生物本能的表现。如德国的弗里德里希·席勒和英国的赫伯特·斯宾塞认为游戏是剩余精力的无目的消耗，把人与动物游戏的动力都归结为剩余精力的发泄或运用。

美国的斯坦利·霍尔则从游戏复演论的观点出发，指出游戏是种族过去活动习惯的延续和再现。德国的卡尔·格鲁斯则认为，游戏是对未来生活的准备，是本能的练习。荷兰的弗兰克·拜敦代克提出了游戏成熟说，认为游戏是儿童操作某些物品得以进行的活动，不是单纯的技能，而是幼稚动力的一般特点的表现。

这些学说充分肯定了儿童游戏产生的生物学因素，成为游戏本能论的代表性观点。

（三）社会学中的游戏外压

从社会学视角看，社会反映论者把儿童游戏看成是一种社会现象，是人对社会现实生活的一种特殊的反映活动，具有社会性。苏联的维果斯基认为，游戏是真实的实践之外，在行动上再造某种生活现象的行为。在这种活动中，儿童凭借语言，以角色为中介，了解、学习和掌握基本的人与人的社会关系。艾里康宁同样也指出，游戏是在真实的条件之外，借助想象，利用象征性的材料再现人与人之间的关系。

（四）我国的游戏理论

我国的游戏理论研究认为，游戏是儿童的社会性活动。如《教育大辞典》第2卷对于游戏的解释是："游戏是儿童的基本活动，是适合学前儿童年龄特点的一种有目的、有意识的，通过模仿和想象，反映周围现实生活的一种独特的社会性活动。"这个概念强调了两个方面：其一，游戏作为儿童的基本活动而存在，与儿童的生活紧密相连；其二，游戏是儿童的一种独特的社会活动，强调了游戏的社会性本质。具体来说，20世纪90年代以来，随着人的主体性及主体性发展研究的深入，我国许多学者开始尝试探索建立一种更加科学的游戏本质观。刘焱在《幼儿园游戏教学论》一书中提出"游戏是儿童能动地驾驭活动对象的主体性活动，它现实直观地表现为儿童的主动性、独立性和创造性活动"。张燕也在《幼儿园游戏探新》中指出"游戏是儿童为了寻求快乐而自愿参加的一种活动，其实质在于儿童的主体性、自主性能够在活动中加以实现"。两人的表述虽不同，但都点明了游戏的主体性本质。

如上所述，游戏作为广泛存在的一种社会文化现象，积淀着丰富的社会文化内涵，具有复杂而矛盾的多面性，因此出现了不同的人从不同的立场、不同的视角去解读的现象。然而，每一种解读都表示着一种角度、一种理解、一种思路，都值得我们好好去思索。

梳理一下各家所言能够发现，人们对游戏的认识在态度上由不自觉到自觉，在内涵上经历了三个阶段：游戏是学前儿童的本能性活动—游戏是学前儿童的社会性活动—游戏是学前儿童的主体性活动。笔者认为游戏的本质是客观的，而人们对它的认识却是随着社会的发展而不断发展变化的。随着社会的发展，人们对游戏的认识会越来越深入，越来越接近它的本质。

二、学前儿童游戏的特点

（一）游戏是学前儿童自主控制的活动，具有自主性

游戏有动作表现，有想象装扮，有玩具材料，内容和形式丰富多彩、灵活多变、引人入胜。游戏满足了学前儿童的需要，符合学前儿童的意愿，因而学前儿童乐于游戏并在游戏过程中积极思考与表现，有极强的自主性。

游戏是学前儿童的自主活动，主要表现在游戏的内容、形式、进程等由学前儿童自己选择，而不由成人直接控制。但这并不是说成人对学前儿童的游戏没有影响、不起作用，而是说成人不去直接影响、控制学前儿童的游戏。比如，教师通过创设环境、提供材料等方式来刺激某一游戏的主题出现，但不是告诉、规定学前儿童必须玩某一主题的游戏。

（二）游戏伴随着愉悦的情绪体验，具有愉悦性

由于在游戏中没有刻意要达到的目标，并不追求某一结果，减轻了为达到目标而产生的心理压力。学前儿童在游戏中容易取得成功，即使不成功，也会因为是游戏，而不去关注失败，或者说更容易接受失败。因此，学前儿童在游戏中总是处于愉快的情绪体验之中。同时，游戏满足了学前儿童身心发展的基本需要，给学前儿童带来了快乐。学前儿童的这种愉快的情绪体验可能表现为笑、手舞足蹈，也可能表现为安静、严肃，或者表现为学前儿童愿意做的某个动作等。只要学前儿童在活动中具有满足感、成功感等积极的内心体验，就可以说学前儿童具有了愉快的情绪体验。

当然，学前儿童在游戏中并不总是具有积极的情绪体验，偶尔也会有不愉快的情绪，比如，有些学前儿童想扮演某个角色而被其他学前儿童占去了，或者不让年龄小的学前儿童参与，这时学前儿童可能会产生不愉快的情绪体验，但这种不愉快的情绪体验往往是短暂的、偶尔出现的。当学前儿童能够扮演他想扮演的某个角色一小段时间或者被允许参与游戏时，他马上就会沉浸于积极的情绪体验。所以，学前儿童在游戏中的主体情绪体验总体上是愉悦的。

（三）游戏是在假想的情景中发展的，具有假想性

与真实的生活活动相比，游戏总是在假想的情景中开展的。学前儿童对游戏的假想表现在以下几个方面：

1.对游戏角色的假想（以人代人）

学前儿童在游戏中必须把自己想象、装扮成某个或多个角色，这些角色通常都是他们自认为重要的，或者是经常接触的，或者是引起强烈情感的人物。学前儿童对扮演的角色有很强的选择性，有三种角色他们比较喜欢：学前儿童崇拜的人，让学前儿童感到害怕的人或动物，与自己身份不同或低于自己身份的角色。

学前儿童不仅自己扮演角色，同时还要接受游戏伙伴所想象的角色。如在红绿灯游戏中，扮演交通警察的学前儿童要把自己想象成交通警察，同时也要把别的学前儿童想象成汽车司机、行人等；在医院游戏里，扮演医生的学前儿童要有医生的动作、语言、表情，并能体会病人的疾苦，关心病人，为病人看病。

2.对游戏材料的假想（以物代物）

学前儿童的游戏离不开游戏材料。有的材料较接近于真实的事物，如布娃娃、玩具汽车等，学前儿童在运用这些游戏材料时，需要把这些玩具想象成别的类似的东西。有的材料则和真实物体有较大的差异，是纯粹的替代物，这时学前儿童要把这些物品想象成和这些物品相似的东西，并且一物多用，如有的学前儿童用粉笔当香烟、枪，把半个皮球当成锅、帽子，把纸剪成长条形当作面条等。同样一种物品在不同游戏中可以充当不同的东西，如积木条可以是老爷爷的"拐杖"，可以是火车的"铁轨"，可以是护士的"注射器"，还可以是警察叔叔的"警棍"等。

3.对游戏情景的假想（情景转换）

学前儿童在前两种假想的基础上，通过动作把自己目前的状况想象成生活中的某一情景。如学前儿童在"娃娃家"的床上两手合拢作枕头，想象天黑了睡觉；如果过一会儿学前儿童真的睡着了，那时学前儿童已不是在游戏了。另外，学前儿童还常常通过一个或几个动作和想象，将游戏情景进行浓缩或转换，如玩"娃娃家"游戏，妈妈一摸孩子额头，"呀！小孩发烧了，送医院吧！"结果抱着孩子在院子里走一圈回来了，说打过针了，孩子病好了。

符合以上特点的学前儿童活动就是学前儿童游戏，但在实际教学中，教师为了实现幼儿园教育的任务、目的，采用游戏的形式进行教学，我们通常把这种活动称为教

学游戏或游戏化的教学。从本质上讲，教学游戏是一种教学，是一种寓教于乐、寓教于游戏之中的活动，而不是游戏。因为这种活动有明显的外在目的，也肯定注重活动的结果。只是由于它体现了游戏的某些特征，如愉快的体验等，所以学前儿童也就有了游戏的感觉。

（四）游戏无强制的外在目的，具有非外在强制性

游戏有目的，但学前儿童意识不到。学前儿童的游戏与学前儿童的其他活动不同，那些其他活动，如一般的生活活动，与成人的期望、规范、要求联系在一起，具有强制的外在目的。只有游戏才是学前儿童本人的事情，学前儿童游戏就是为了游戏，就是为了好玩，除此之外，别无其他目的。尽管在游戏的过程中学前儿童各方面的能力和素养得到了发展，但这种发展不是学前儿童在游戏中有意追求的目的，学前儿童在游戏过程中也意识不到游戏的这种作用。比如，学前儿童玩积木，并不是因为他知道玩积木能培养想象力或锻炼小肌肉群，而是因为好玩。

学前儿童在游戏中，往往更关注游戏的过程，而不是游戏的结果。学前儿童在玩沙时，可以把自己刚挖好的山洞压塌，然后再挖；在堆积木时，可以把积木一个一个往上垒，再一个一个地推倒，并在积木倒掉的过程中获得快乐。

此外，教师和家长会意识到游戏所能达到的目的和游戏的功用，但这种目的只是存在于教师和家长头脑中。教师和家长不能把对游戏目标的追求，强加于学前儿童。游戏所能达到的目的，应该内化成为教师与家长价值观的一部分，体现在每次、每周、每月及每年的游戏指导中。游戏是学前儿童自发的、自主的活动，游戏中不确定的因素有很多，偶然性很大，而且游戏的发展性功能也是需要慢慢积累才能显出效果来的。

总之，游戏有目的，只是学前儿童意识不到。游戏的目的存在于成人的头脑中。所以对于学前儿童来说，游戏无强制性的外在目的，具有非外在强制性。

（五）游戏是一种有序的行为，具有规则性

任何游戏都有规则。游戏规则是游戏者在游戏中关于动作和语言的顺序，以及被允许和被禁止的各种行为的规定。根据规则的性质，游戏规则可以分为外显规则和内隐规则两种。外显规则是外在的游戏规则，主要是关于游戏方法的规定。外显规则一般是约定俗成的。游戏时，外显规则的建立或修改必须得到所有参加者的理解和同意，游戏才能正常进行。比如，抢板凳游戏的游戏规则属于外显规则：当鼓声或音乐

停下时谁没有找到凳子坐下，则淘汰；第一个被淘汰出局的人给大家表演一个节目；最后一个抢到凳子的人为胜利者，给予奖励。这些规则一般是事先约定好的，并且需要得到所有参加者的理解和同意。游戏的内隐规则虽然没有外显规则那样明显，但是却与外显规则一样具有限制和约束作用。比如，"商店娃娃家"游戏的游戏规则属于内隐规则：售货员卖东西，顾客拿钱买东西。参与者同样需要理解和同意这种规则，并且受其限制和约束。

规则是社会的产物。规则游戏是游戏的高级形式，必须建立在一定的社会化基础上。婴幼儿最初的练习性游戏，主要通过重复简单动作或运动获得快感。这种初级阶段的游戏并无规则可言。学前儿童游戏的规则性水平是伴随着其认知能力的发展逐步具备的。随着年龄的增长，学前儿童对规则游戏的兴趣将逐渐增长，并稳定在较高水平，规则游戏也将从此伴随人的一生。

（六）游戏是一种社会性行为，具有社会性

社会性是指进行社会交往、建立人际关系等人与人之间的行为活动，以及掌握和遵守行为准则来控制自身行为的心理特性。学前儿童生活在社会中，所接触到的事物和现象都具有社会性。学前儿童游戏的社会性主要表现在游戏的内容上，游戏的内容来自社会生活，是对社会生活的反映。所以，我们经常看到学前儿童在游戏中扮演妈妈、扮演爸爸、扮演售货员等。当学前儿童了解了交通规则后则会玩交通警察的游戏。并且教师的孩子喜欢"当老师"，医生的孩子喜欢"当医生"。不过这种反映是一种积极主动的反映，往往会加入学前儿童自身的想象。比如在"医院"的角色游戏中，学前儿童扮演医生，用听诊器给人看病，往往并不能正确地使用听诊器，会出现病人说头痛则听头，说肚子痛则听肚子，说脚痛则听脚；有的学前儿童还会病人哪里痛就给哪里打针；有的学前儿童会一边打针一边说"小朋友，别害怕，阿姨轻轻地打。""小朋友，真勇敢！"等话。在玩"超市"的游戏时，学前儿童会吆喝"西瓜，西瓜，又甜又新鲜的西瓜，2元1斤，欢迎选购"等。

学前儿童的生活内容越丰富，游戏内容就越充实、新颖，游戏的水平也就越高。所以随着时代的发展，社会生活经验不同，学前儿童的游戏内容也就不同。不同历史时期，学前儿童游戏的主题不同，所扮演的角色不同，游戏的情节也不同。比如，现在学前儿童玩建高楼、坐宇宙飞船到月球的游戏，这些内容在几十年前的游戏中是不可能出现的。随着人类社会生活的丰富，学前儿童的游戏会越来越充实，越来越能充分地反映现实生活。

所以，为了更好地丰富学前儿童的生活经验，家长和教师应经常带孩子外出散步、参观、听故事、看电影，参加各种社会活动，或外出旅游，扩宽学前儿童的眼

界。为学前儿童在游戏中发展想象力、创造性提供条件。

综上所述，学前儿童游戏有自身的特点，它是一种适合学前儿童年龄特点，遵循一定规则，自主进行的社会性活动。上述学前儿童游戏的特点可以作为判断某一活动是不是学前儿童游戏的基本标准，也可以帮助我们更深入、全面地认识学前儿童游戏。

第二节　学前儿童游戏的分类

随着身体能力和心理机制的不断发展，0～6岁学前儿童游戏的主题、内容及范围不断扩大、深入。学前儿童所经历的游戏行为按照不同的维度，可以划分为不同的类型。了解学前儿童游戏的种类有助于我们更加系统地开展学前儿童游戏的理论研究及实践指导工作。

一、常见的游戏分类

（一）按认知理论分类

按认知理论进行游戏分类主要以让·皮亚杰的理论为代表，皮亚杰根据游戏与认知发展的关系，将游戏分为练习性游戏、象征性游戏、结构性游戏和规则性游戏四种类型。

1.练习性游戏

练习性游戏又称机能性游戏、实践性游戏。它由简单的、重复的动作组成，其动因在于感觉和运动器官在活动过程中所获得的快感。练习性游戏是在儿童感知运动发展阶段出现的，是游戏的最早形式。学前儿童主要通过感知和动作来认识环境、与人交往。他们的游戏最初是以自己的身体为中心，逐渐地会摆弄与操作具体物体，并不断反复练习已有动作，从简单的、重复的练习中，尝试发现、探索新的动作，从而使自身获得发展。学前儿童在反复的、成功的摆弄和练习中，获得愉快的体验。游戏的驱力就是获得"机能性的快乐"，"动"即快乐。练习性游戏的主要表现形式是徒手游戏或重复地操作物体的游戏。

例如，两三个月的婴儿晃动着四肢，反复摇晃着小摇铃，不停地让它发出响声；当婴儿会爬时，他们在床上爬来爬去，边爬边抓握一些物体，或者不停地撕纸等。这种游戏可以练习婴儿的动作技能，使婴儿获得对环境的控制感。

练习性游戏随着儿童年龄的增长而逐渐减少，但在整个学前儿童期都会存在，甚至可能伴随人的一生，只要有新的机能需要掌握，就会有这种练习，如滑滑梯、攀爬、摆弄物体、学骑自行车等。

2.象征性游戏

象征性游戏包括角色游戏和表演游戏，是学前儿童典型的游戏形式，2岁以后开始大量出现，3~5岁是发展高峰期。这种游戏具有"好像"和"假装"的特征。在游戏中，学前儿童以物代物、以人代人是象征性游戏的表现形式。当学前儿童能够把以前经历过的事情、活动以及眼前并不存在的事情作为表象回忆起来的时候，练习性游戏便转化为象征性游戏。例如，拿木棍当马骑，倒坐在小椅子上开火车，玩"商店""医院"游戏等。通过象征性游戏，学前儿童可以脱离当前对实物的知觉，以象征代替实物并学会用语言符号进行思维，体现着学前儿童认知发展的水平。

3.结构性游戏

结构性游戏是学前儿童利用各种不同的结构材料来建构、反映现实生活中的物体的活动。这种游戏是游戏活动向非游戏活动的过渡，前期带有象征性，后期逐渐成为一种智力活动。结构性游戏对学前儿童的技能训练和思维发展具有十分积极的作用。例如，通过积木结构游戏，学前儿童可以自然地获得分解与合成各种形体的经验，并在使用材料中获得数量、高度、长度、上下、左右、宽窄、厚薄、对称等概念。此外，一些利用自然材料进行的活动，如玩沙、玩水、玩雪等也属于此类游戏。

4.规则性游戏

规则性游戏有一定的规则约束，是用规则来组织的游戏。象征性游戏对6岁以后的学前儿童渐渐失去吸引力。这时，规则性游戏逐渐取代象征性游戏并占主导地位。参加规则性游戏的学前儿童必须在两人以上，如打牌、下棋、丢沙包等。规则性游戏是学前儿童游戏的高级发展形式，它将会伴随人的一生。

（二）按学前儿童的社会行为分类

美国教育家米尔德里德·帕顿按照学前儿童游戏时所表现出来的社会参与水平，将学前儿童游戏分为以下六种类型：

1.偶然的行为

学前儿童不是在做游戏，而是在注视身边突然发生并引起他兴趣的事情。如果周围没有能够吸引他注意的事情，他就会无所事事，进而出现一些偶然的行为，如在椅子上爬上爬下，东站站西望望，到处晃悠，跟着教师走来走去或坐在某一个固定的位置上，四处张望。

2.旁观者行为

学前儿童大部分时间是在观看其他学前儿童的游戏，听他们谈话，有时会与正在游戏的学前儿童说话、出主意、提问题，但自己并不参与游戏，只是明确地观察、注视某几个学前儿童或群体的游戏，对所发生的一切都心中有数。并且他总是保持在可以与他人说话的距离内，以确保自己能看到伙伴的行动，听到伙伴的谈话。

3.独自游戏

独自游戏是指学前儿童只是独自一个人玩自己的游戏，不与其他伙伴一起玩。学前儿童保持可以与他人说话的距离内，专注地玩一些与附近其他伙伴不同的玩具，不接近其他的学前儿童，也不和他人交谈，不受他人的影响。

4.平行游戏

平行游戏是指学前儿童在别的游戏伙伴旁边玩同他们相同或相近的玩具，互相不影响、不干预，各按各的方式玩。例如，两个学前儿童都在玩积木，但各玩各的，如果一个学前儿童离开以后，另一个学前儿童还会继续玩下去。

5.联合游戏

联合游戏是指学前儿童在一起玩同样的或类似的游戏，但每个人可以按自己的意愿玩，没有明确的分工和组织。学前儿童仍以自己的兴趣为中心，做自己愿意做的事情。游戏伙伴之间时常发生诸如借还玩具、短暂交谈的行为，但还没有建立共同目标。例如，几个学前儿童在一起玩"妖怪"游戏，他们只是在一起互相追逐，但是没有明确的分工，确定各自的角色。如果一个学前儿童退出游戏，其他人还可以继续下去而不受影响。在联合游戏中，小组成员的变换非常频繁。

6.合作游戏

合作游戏是几个学前儿童在一起围绕一个共同的游戏主题，采取分工合作的方式游戏。学前儿童对于要用什么材料以及已有的材料如何使用、活动的目标和结果等有共同的计划和组织。合作游戏中有明确的分工、合作及规则意识，有一到两个游戏的领导者。例如，在玩"医院"游戏时，谁当"医生"，谁当"病人"，学前儿童都会分配好。在合作游戏中，学前儿童结成的玩伴关系可持续较长时间。

（三）按游戏的教育作用分类

依游戏的教育作用进行分类，可以将游戏分成创造性游戏和规则类游戏两大类。这种分类有助于教师理解游戏的教育作用，根据需求灵活选用。

1.创造性游戏

创造性游戏充分体现了儿童主动性、创造性的特征，是学前儿童的典型游戏。创造性游戏包括角色游戏、结构游戏、表演游戏，这些游戏对于学前儿童的创造性发展起到了显著的作用。

（1）角色游戏

角色游戏是儿童通过扮演角色，运用模仿和想象，创造性地反映个人生活印象的一种游戏，如"娃娃家""医院""超市"等。常用的游戏材料有玩具娃娃、玩具动物、交通玩具、医院玩具、模拟日常生活用品的玩具（如碗、杯子、衣服）等，这些玩具用各种材料（如塑料、木料、金属等）制成。

（2）结构游戏

结构游戏是学前儿童利用各种不同的结构材料动手造型的活动。学前儿童通过这种游戏构造物体或建筑物，实现对周围现实生活的反映，如搭积木、折纸、玩沙等。

（3）表演游戏

表演游戏是儿童扮演童话、故事等作品中的角色，用动作、语言、表情等对童话、故事的内容进行创造性的表演的游戏，如"拔萝卜""小熊请客""白雪公主和七个小矮人"等。

2.规则类游戏

规则类游戏一般包括游戏目的、游戏玩法、游戏规则、游戏结果四个部分。游戏规则是这种游戏的核心,即游戏中有明确的规则要求儿童去遵守,以保证游戏的顺利进行。规则类游戏有明确的目的,其目的是根据儿童年龄特点和教育要求提出的。游戏玩法是指游戏如何开始、进行、结束。游戏规则是关于活动的顺序,以及在游戏中被允许的或被禁止的行为的规定。游戏结果是判断学前儿童是否完成了任务,是否达到了游戏目的。规则类游戏通常分为智力游戏、体育游戏、音乐游戏和娱乐游戏。

（1）智力游戏

智力游戏是以生动有趣的形式,使儿童在轻松愉快的活动中增进知识、发展智力的游戏。智力游戏又可分为感官游戏、记忆游戏、比较异同的游戏、分类游戏、推理游戏、语言游戏、计算游戏等。智力游戏常用的材料有拼图、七巧板、扑克牌、记忆卡、魔术方块、跳棋、象棋、军棋、围棋等。

（2）体育游戏

体育游戏是以发展儿童的基本动作（走、跑、跳、投掷、攀登等）为主的游戏。体育游戏具有促进儿童身体正常发育和机能协调的作用。体育游戏包括追逐游戏、滑滑梯、荡秋千、跳房子、跳皮筋等。

（3）音乐游戏

音乐游戏是在音乐伴奏或歌曲伴唱下进行的游戏,具有音乐和动作相配合的特点,如"拔萝卜""抢椅子""丢手绢""我们都是木头人"等。常用的音乐材料有鼓、铃鼓、三角铁、口风琴、腕铃等,辅助材料有音响等。舞蹈道具有丝巾、彩带、呼啦圈等。

（4）娱乐游戏

娱乐游戏,顾名思义,是以娱乐为主的游戏,如玩"不倒翁"等。

需要注意的是,同一个游戏依据不同的分类标准,可以归属不同类型。

创造性游戏的本意是不追求外在结果的自由玩耍,它强调的是自娱自乐;规则类游戏的本意是遵守规则的游戏、追求共同目标的比赛,它强调的是整体的相互关联。

从游戏的态度倾向来看,创造性游戏是以自我为中心,自娱自乐地扮演自己喜欢的角色,享受过程体验,不在乎别人的想法;角色间只是简单的系列而没有组成一个完整的整体,学前儿童可以一会儿这样玩、一会儿那样玩,一个角色不参加并不会影响游戏的进行。规则类游戏是帮助学前儿童去自我中心化的方式,参与者形成一个整体，必须倾听他人的意见，并允许以他人的态度来决定将要做的、与某种共同目的有关的事情。规则类游戏可能会因为缺乏一个人而无法进行下去。

从经验的角度来看，学前儿童在创造性游戏中所反映的经验是零散的，是他们对现实生活中别人经验的模仿和学习，是一种将外在经验逐步内化为自身经验的过程。例如，学前儿童玩"娃娃家""医院""戏院"等游戏都是对这些主题角色的模仿，以角色的方式来玩耍，在模仿学习中内化经验，把自己想象成社会生活的成员。学前儿童在规则类游戏中所运用的经验是他自己的经验，是已经内化为学前儿童自身经验体系中的经验。例如，学前儿童玩"跳房子""捉迷藏"等游戏必须以他自己的经验来进行，否则游戏无法玩下去。

从游戏规则的角度来看，创造性游戏的规则是隐性的、多元化的，采纳不同的规则会导致不同的游戏行为发生。而规则类游戏的规则是显性的、单一化的，游戏者必须接纳同一个规则，游戏才能继续进行。

从学前儿童人格发展来看，学前儿童在创造性游戏中是模仿别人，没有自己明确的性格，也没有明确的人格。在规则类游戏中，学前儿童完全存在于自己的经验之中，自己特有的性格在游戏中逐渐显现。

二、其他游戏分类

（一）按主题分类

游戏的主题类型是日趋完善的，主要包括以下五种：

1. 未分化型

这是一种最简单的游戏类型，几乎每隔2～3分钟就会出现一种不同的动作，而且每个动作都是无规则的，如摆弄玩具或在椅子上跳等。这是1岁左右儿童的典型游戏。

2. 累积型

这是一种把片段性的游戏活动连接起来的游戏类型。例如，看几分钟画册后，又在纸上乱涂几分钟，之后又玩起布娃娃来，在1个小时内能进行4～9种游戏活动，但活动之间并没有内在的联系。这种游戏一般在儿童2～3岁时比较多见。

3. 连续型

这是一种对同一类型的游戏能连续玩耍近1个小时的游戏。具体而言，它是在一个游戏之后接续一种与前一个游戏内容无关的游戏，或是插入其他的游戏，即在一种游戏形式下进行着各种游戏活动，但还没有稳定的主题，也并不完整、统一。如儿童在玩"商店"的游戏，本来是在买东西，可是却插入了摆弄物品、吃点心，或是拿点心玩等，然后又回到买东西的游戏上来，而这些并不是孩子特意计划的。这种游戏一般多见于2~4岁期间。

4. 分节型

这是一种把完整的游戏分成两次或三次来进行的游戏。如画画和玩沙子，当玩腻了一种游戏活动时，就转向另一种活动。结果，本来一次完成的画可能要分两次或三次才能画完，本来是一个完整的玩沙游戏，却被分割成两节或是三节。这种游戏在4~6岁学前儿童中较为多见。

5. 统一型

延长分节型游戏的时间（1个小时左右）就是统一型游戏。与连续型游戏不同的是，整个游戏是在统一的主题、目标下进行的，游戏内容彼此有联系，游戏方式也基本一致。这种游戏同分节型游戏一样，在年龄稍大的学前儿童中较为多见。

这种分类方法，较为详细地描述了学前儿童游戏中的游戏动作及游戏主题的稳定程度。对于游戏主题的稳定程度，也有人将它的发展（游戏主题的变化，体现了学前儿童游戏的目的性、计划性的发展）分为以下三种类型：

第一，无主题。幼小儿童的游戏往往是无目的的，计划性极差，想玩什么就玩什么，不知道自己的游戏主题是什么。例如，婴儿拿钥匙向娃娃嘴里喂食，但还不会把自己想象成"妈妈"，把娃娃想象成"孩子"，严格说来只是游戏动作而不是真正意义上的游戏活动。

第二，有简单的主题但不稳定。学前儿童年龄稍长，其进行的游戏便有了一定的目的性，有了前后较一致的主题，但主题较简单且不够连贯，很容易受到外界的影响而发生变化，在游戏中表现为想一点、做一点，做完一点再想一点。例如，学前儿童在玩"娃娃家"时把娃娃哄睡了，后来看见了洗衣的玩具，就把娃娃的衣服脱下。忽然听到同伴说："着火啦！"他会马上把"娃娃家"的家具变成"消防车"，自己也就成了"消防队员"，投入到另一游戏主题中去。

第三，有明确而稳定的主题。6岁左右的学前儿童由于各方面能力的发展，可以在游戏前确定主题，商定游戏规则和彼此间的分工，为游戏做好准备，按游戏的主题展开游戏。例如，这时的儿童玩"娃娃家"，可以分出各种家庭成员的角色，可以有完成场景布置、准备材料等不同的分工，然后按照设计的起床、洗衣、烧饭、进餐、上学或上班、访客、娱乐等情节来开展游戏。有时某一游戏主题甚至能持续几天或更长的时间。

（二）按利用的替代物分类

游戏替代物的变化，体现了学前儿童游戏中抽象性、概括性的发展，表现为以下几个阶段：

1.用与实物相似的替代物

年龄较小的学前儿童往往用与实物相似的替代物游戏，因为他们的思维带有直觉行动性，思维的抽象性、概括性很差，他们对实物的知觉比对实物所代表的意义在思想上更占优势。因此，此时的游戏依赖于与实物在外形、功用上都十分相似的专用替代物，主要是一些特制的玩具，如炊具、餐具、娃娃等。如果给他们与实物相似性低的替代物，他们往往会拒绝。例如，给2岁半的孩子一辆玩具汽车，要求他们把它当作铲子使用，结果他们中的许多人把汽车放在桌上推来推去。还有一些孩子则干脆拒绝："不，我不能，这是汽车。"

2.用与实物相似性较低的替代物

随着知识经验的丰富、联想能力的提高，4～5岁的学前儿童逐渐能脱离专用替代物，选择一些离开原来实物功用的替代物。此时的儿童，思维有明显的具体形象性，虽然不能完全离开实物，但一般来说意义已比实物重要。替代物与实物的相似性减少，通用性增大，一物可以多用。例如，小棒可以分别代替筷子、刀、勺、炒菜铲、擀面杖、注射器等。学前儿童年龄越大，使用替代物的范围也越大。有人用相同数量的游戏材料让不同年龄组的儿童来作替代物，结果3～3岁半组代替了35种物品，3岁半～4岁组代替了54种，而4～4岁半组被替代物数量多达76种。

3.不依赖于实物（用语言、动作等）的替代

6～7岁的学前儿童，思维逐渐向抽象性、概括性过渡，对事物的关系、意义有了更深的理解，心理活动的随意机能也进一步发展，在游戏中表现出可脱离实物，完全凭借想象以语言或动作来替代物品。例如，用斟酒的动作和小心翼翼的端杯动作来替代酒，尽管实际上杯中空无一物，甚至根本不需要"杯"；用朝空中抓一把、撒向小

锅的动作配以语言"放点盐"来替代"炒菜"中所需要的"盐"等。

三、幼儿园游戏分类存在的问题

长期以来，我国幼儿园习惯于将幼儿园游戏分为创造性游戏和规则类游戏（也称教学游戏）两大类。这种分类的方法对于幼儿园教育教学管理是有利的，对于教师的具体操作也是有利的，教师可以根据需要灵活选用各种游戏。但它同时也给幼儿园游戏的开展造成许多误区。具体表现在以下几个方面：

（一）对两类游戏的本质特征认识不清

幼儿园教师对两类游戏的本质区别及功能缺乏认识，对各类游戏对学前儿童身心发展的不同作用也认识模糊。一些幼儿园教师重上课、轻游戏，还有一些幼儿园教师重规则类游戏、轻创造性游戏。例如，认为幼儿园游戏就是教学游戏，以组织规则类游戏来代表幼儿园的游戏活动；或者将两类游戏在时间上、空间上截然分开，一段时间开展规则类游戏，另一段时间开展创造性游戏，规则类游戏的时间基本上能得到保证，而体现学前儿童自主性的创造性游戏时间则很难得到保证。

（二）把教学游戏等同于规则类游戏

一些幼儿园教师在组织教学游戏时，往往利用规则类游戏的名称，将教学内容以游戏的形式进行传授或复习巩固，其目的是使儿童更好地掌握知识，如"科学游戏""计算游戏""分类游戏""语言游戏"等。在整个游戏过程中，教师是活动的发起者、组织者、监督者，在游戏中强调外加的规则，而学前儿童处于被动地位，享受不到游戏的自主与快乐。

（三）从字面意思来解释游戏的功能

有的幼儿园教师认为，创造性游戏就是具有创造性，而规则类游戏就是有规则的。这样理解势必造成除了创造性游戏以外，其他游戏都是没有创造性的游戏；除了规则类游戏，其他游戏都是没有规则的游戏。显然，这种理解是片面的，将严重影响幼儿园教师对游戏的正确理解与组织。

第三节　学前儿童游戏的价值

一、游戏与学前儿童身体发展

幼儿期是一个人生命起步的萌芽期，生长发育十分迅速和旺盛，游戏则是让这一时期儿童的发展充满生机和可能的活动。各种不同的游戏，具有不同的运动量，活动着身体的不同部位，促进着骨骼和肌肉的成熟，加速机体的新陈代谢，从而促进身体各生理器官和系统的生长，特别是运动系统、内脏和神经系统的发展，使得儿童在身体发育方面不断趋于完善和成熟，在运动能力及适应能力等各方面得到锻炼。

学前儿童在游戏中，身体的各器官和肌肉组织处于积极的活动状态。同时，在进行游戏时，学前儿童总是伴随着非常愉快的情绪。这种愉快的心情，既保证儿童身体的健康，又保证机体的正常发育。

（一）游戏促进学前儿童身体生长发育

游戏是学前儿童的基本活动，对促进学前儿童生长发育具有重要作用。游戏使学前儿童身体各器官得到活动和锻炼，大到追、跑、跳、跃等游戏，小到拼图、绘画、玩沙等游戏，都可以促进学前儿童大、小肌肉的运动，促进骨骼、关节的灵活与协调。学前儿童在不同的游戏中，变得结实、健康；在外界环境的多方面刺激中，变得反应迅速而敏捷。游戏为学前儿童提供了运动的机会，锻炼了学前儿童的身体，增强了学前儿童的体质。

身体生长发育的水平更是进行游戏的生理基础，因此身体健康、营养状态好的学前儿童可能比身体不健康、营养不良的学前儿童更积极、更喜欢玩游戏。学前儿童个体在同一游戏中所承受的负荷和完成动作的难易也会有所不同，教师应充分注意游戏与儿童的生长发育之间的正性或负性循环的关系，及时、合理地安排好游戏计划，以促进学前儿童的生长发育。

（二）游戏有利于提高儿童运动能力

学前儿童游戏是符合学前儿童生理发展规律的活动，是锻炼学前儿童身体基本活动能力和提高身体素质的有效途径。

通过多种多样的游戏活动，儿童的肢体动作能力得到发展。在户外游戏时，学前儿童奔跑追逐、攀爬跳跃，使大肌肉群得到锻炼，肢体的协调性、平衡性、灵活性都得到增强。比如，在"老鹰抓小鸡"的游戏中，孩子们前后左右移动、奔跑；在"炒黄豆"的游戏中，孩子们甩动胳膊念儿歌，最后两人举起一侧手臂共同翻转身体180度；在"动物跳跳跳"的游戏中，孩子们一会儿学小青蛙蹦一蹦，一会儿学小猫咪轻声走路等。同时，学前儿童经常在户外、在阳光下、在新鲜空气中活动，有利于锻炼对大肌肉群、小肌肉群的控制能力，从而使其动作更灵活、协调。特别是体育游戏，以其丰富而刺激的内容，有效地活动和锻炼学前儿童的大肌肉群、小肌肉群、骨骼、关节等，从而使学前儿童的反应更敏捷、动作更灵活、肢体更协调，让学前儿童变得更结实、健壮。而室内游戏，大多是较为安静平和的游戏，多为操作类、语言类、表演类、益智类等游戏。比如，建构区的积木、泥塑，美工区的涂涂画画、切切剪剪，益智区的拼图等，都能使学前儿童小肌肉群的协调性、灵活性和精确性得到锻炼，发展精细动作。

因此，我们说游戏是促进学前儿童体能发展的动力。同时，游戏为学前儿童体能发展提供了必要的机会，又是促进学前儿童体能发展的手段。

（三）游戏能增强学前儿童机体的适应能力

机体的适应能力，是指机体在外部环境（如冷、热、风、雨、干燥、潮湿、噪声等）中所表现出来的适应能力以及对各种疾病的抵抗能力和病后恢复能力。户外活动为学前儿童与日光、空气、水这三大自然因素的接触创造了机会。让学前儿童充分接触阳光和新鲜空气，适量感受温热和寒冷，既符合学前儿童的一些生理新陈代谢的需要，又能增强学前儿童对外界环境变化的适应能力，保持学前儿童身体的健康。

总之，游戏不但为学前儿童身体的正常发育提供了许多必要的运动机会，还使学前儿童的身体各器官得到活动和锻炼，提高了学前儿童的身体适应能力，增强了学前儿童的体质。

二、游戏与学前儿童认知能力的发展

认知是指通过思想、经验和感觉获得和理解知识的心理过程，是最基本的心理过程，包括了感知觉、记忆、思维、想象、语言等方面。游戏在认知发展中的作用早已引起世界各国教育学、心理学乃至其他相关学科的关注。如皮亚杰的认知发展的游戏理论，更是开拓了从儿童认知发展的角度来考察儿童游戏的新途径。国内外许多学者的研究都表明，游戏是儿童喜爱的活动，为学前儿童提供了从不同方面来认识外部环境的途径。在游戏中，学前儿童可以充分发挥主动性和积极性，通过扮演各种角色，通过使用各种玩具或材料，通过观察、感知、比较、分类、回忆、想象、思维，通过对已有知识理解的更新、对生活经验的重组、对已掌握的能力的运用、对动作和情节的实践，去接触、接受、探索新的事物，去了解玩具（物体）的性能，了解事物之间的关系。于是，学前儿童的感知能力、注意力、记忆力、想象力、思维能力、解决问题的能力和创造能力都会得到发展。同时，在游戏中学前儿童需要与同伴沟通与交往，因此学前儿童的语言表达能力也得到了发展。

（一）游戏与学前儿童智力的发展

美国心理学家亚伯拉罕·马斯洛指出，儿童早期是奠定智力发展基础的、令人兴奋的、有效的时期。游戏的过程正是智力发生的非同一般的、特殊的过程。游戏既是学前儿童智力发展的动力，又是发展学前儿童智力的有效手段，对学前儿童智力的发展有着不可替代的价值。

1.游戏与学前儿童的知识增长

皮亚杰认为儿童所获得的对"物"的知识（经验）包括两类：物理和数理逻辑。物理知识主要反映事物本身的性质，如物体的形状、大小、质量、密度、色彩等；数理逻辑知识主要反映事物与事物之间的关系，如数的概念就属于这一类，它表示的是事物间的一种关系。

游戏可以扩展和加深学前儿童对周围事物的认识，从而增长学前儿童的知识。游戏时，学前儿童直接接触各种玩具或材料，通过移动、触摸、聆听、观察、对比等运动,感觉和认知活动,掌握物体的性质、物体之间的联系、动作与物体之间的相互作用关系等,发展感觉器官的感受性和感知能力,学会并形成很多相应的概念。例如,在玩水的游戏中,学前儿童不仅认识了水的流动、溶解等特性,还进行了水的浮力的科学经验,同时在玩水时也认识了喷壶、水桶等盛水工具。玩积木游戏时,学前儿童认识了大小、多少、形状、结构,理解了"拼"和"拆"的概念、"连接"和"层次"等构造关系;同时,在摆弄积木和其他物体的过程中,学前儿童会发现圆球、轮子、圆柱体、悬垂物的运动规律,理解"滚动""转动""摆动"的概念。

学前儿童在游戏中与他人或群体进行交往,还会获得对"人"的知识,这是各种人际和社会知识的源泉,皮亚杰称之为社会性知识(经验)。如在角色游戏中,学前儿童初步形成了良好的自我意识。自我意识是学前儿童社会性及个性形成的基础。学前儿童根据游戏情节发展的需要逐渐了解自己的行为,增强自我意识和角色意识。

学前儿童通过游戏积累物理知识、数理逻辑知识、社会性知识,会在外部动作操作和内部心理加工活动的过程中,不断促进注意力、感知觉能力、记忆力的发展。

2.游戏与学前儿童的感知能力发展

感知觉是学前儿童认知活动的开端,是学前儿童认识外界事物、增长知识、发展智力的通道。感知觉的发展是衡量此阶段学前儿童智力发展水平的重要指标。直觉动作思维是3岁以前儿童主要的思维方式,他们必须通过各种感官去接触事物,对事物进行直接的感知,才能对事物形成概念、记忆,为以后的智力发展奠定基础。

学前儿童的感知觉在活动中发展,而游戏是学前儿童最喜欢的活动。在游戏过程中,学前儿童一方面通过视觉、听觉、嗅觉、触觉等各种感官接触各种性质的物体,了解各种事物的特征,发展了感觉;另一方面,通过对空间、形状大小、时间的观察,学会了感知各种事物的状态和属性,发展了知觉。各类游戏,尤其是操作类游戏为学前儿童提供了大量感官练习的机会。比如,在"找不同"的游戏中,通过观察两幅图中的不同之处,促进学前儿童视觉观察力的发展;在"摸物体,猜名称"的游戏中,将一些物体,诸如苹果、橘子、帽子、手表等放在一个口袋里,请学前儿童摸,然后猜一猜是什么,这个游戏能发展学前儿童的触摸觉;一些音乐游戏"抢椅子""击鼓传花"等能够促进学前儿童听觉的发展。此外,一些感统类玩具设施,如大陀螺、平衡木、大龙球等也能使学前儿童的感官得到大量的练习。学前儿童接触到一件新的游戏玩具后,可能还会自发地、兴致勃勃地进行多方面的尝试,观察玩具在不同的情况下的变化特点,感知不同的玩法。游戏活动使得学前儿童充满了主动性、积极性和感知兴趣,并积极进行感知觉探索,有着明显的学习效果。

3.游戏与学前儿童记忆力的发展

记忆力被认为是人类智力的基础，记忆能力的强弱直接影响着学前儿童智力的发展和对知识的学习、吸收。学前儿童记忆的特点为记得快忘得快、缺乏目的性、记忆方法呆板、记忆不精确，但是通过亲身体验、反复操作可以提高记忆效果。游戏是提高学前儿童记忆力的一种有效途径。游戏经常表现为对经历的重复，学前儿童必须依靠记忆所积累的以往的知识经验或记住一定的游戏规则，才能完成游戏。只要学前儿童还在重复某一行为，这一行为就是学前儿童正在发展过程中的某种知识和能力，每一次重复对其掌握和巩固这一知识、发展这一能力都有重要意义。当他不再重复某种行为，或某一种玩具材料已经玩腻时，说明这一行为已经得到了充实和发展，或这种玩具材料对他发展的潜在价值已经基本实现。例如，在进行表演游戏"小蝌蚪找妈妈"时，教师讲述故事后让学前儿童表演小蝌蚪寻找自己的妈妈，学前儿童在浓厚兴趣中反复表演，记住了青蛙的外形特征和生长过程。需要注意的是，任何游戏都不在于一次的效果，而是反复练习的过程，这样才能提高学前儿童的记忆力。

4.游戏与学前儿童想象力的发展

想象力是人脑对已有表象进行加工改造形成新形象的心理过程。想象力的产生是学前儿童认识发展的标志之一，想象力是智力的重要成分。儿童如果缺乏想象力，就不能很好地掌握知识，更缺乏创造力。而事实证明，游戏是激发儿童想象力的最好方法。

象征（假装）、模拟、联想是学前儿童游戏的普遍特征。想象是构成学前儿童游戏活动不可缺少的心理成分。游戏为学前儿童提供了想象的充分自由。游戏时，玩具或材料可以通过"以物代物"在想象中使用，学前儿童本身也以游戏角色通过"以人代人"在想象中活动，游戏的情节和场景更是充满了想象的内容。学前儿童可以将一个物体不断变换代替另一个物体，一个人也可以根据想象不断地代替另一个人。特别是角色游戏和造型游戏，能够巩固和加深学前儿童对周围事物的认识。随着扮演角色和游戏情节的发展变化，游戏内容越丰富，学前儿童的想象也就越活跃。在想象性游戏中，学前儿童常把玩偶当作小朋友，拿杯子给"娃娃"喝水，拿小手帕给"娃娃"擦眼泪，把自己想象成爸爸或者妈妈，还会自言自语地说"娃娃不哭，妈妈抱抱，娃娃睡觉"，等等。在"开火车"的游戏中，学前儿童会骑在小凳子上，嘴里叫着"笛笛——嘟嘟——"或是唱着儿歌"一列火车长又长，运粮运煤忙又忙，钻山洞，过大桥，呜——到站了——"，学前儿童已经置身自己的想象中，俨然就是一名火车司机。学前儿童在玩"饮食店"游戏时，不仅重视日常的烧饭、卖饭的内容，还会创造性地将送外卖的情节组合到游戏中去，或与"过家家""幼儿园"等游戏串连起来，构成一个新的主题。在玩沙子的过程中，沙子可以让学前儿童任意构筑各种形象和物体，如房子、长城、各种图形、城堡等，为发展学前儿童的想象力创造了条件。

不过，学前儿童的想象最初是以无意性、不稳定性、再造性想象为主的，其想象力的发展需要有一个从初级形态向高级形态成长的过程，游戏正是这一发展过程所必需的。游戏能促进学前儿童去思考和创作，促使其想象力向较高的形式发展。例如，在搭积木、画画、做手工、讲故事等游戏中，学前儿童自然而然地会在已有的知识和经验基础上，去思考、去想象，再做出一些创作，表现出主动的创造性。另外，外部环境对想象力发展也有重要影响，自由、宽松、鼓励的教育氛围更有利于激发儿童的想象。

想象力是思维成长的基础。儿童正是通过想象，对自己的知识进行组合与创造。扼杀想象力，无异于扼杀思维的成长与创造力的培养。

5.游戏与学前儿童思维能力的发展

思维是人脑对客观事物间接的、概括的反映，需要借助语言来实现其特性。思维能力是认知的高级活动，是智力的核心。思维的产生使学前儿童的认识过程发生了质的改变，使认知开始成为整体。

游戏能使学前儿童脱离真实情景和物体的直接信号刺激，进入假设的或想象的世界，同时又能使其意识到真实的世界，让其思维发展进入一个新阶段。在角色游戏中，学前儿童会以一物代替另一物，如把积木当作饼干，把椅子当汽车；还会自己扮演一个角色，如当妈妈、当大夫、当老师。但学前儿童在意识中知道这是"假的"，也就是说，学前儿童既能把积木当饼干使用，又知道积木不是饼干。这是抽象逻辑思维的萌芽。游戏中的"以物代物"可以使学前儿童的思维更具有灵活性。

在进行主动性和创造性的游戏时，学前儿童会不断地思考，发展解决问题的能力。解决问题的能力是运用已有的知识和能力，对问题进行分析、解决的综合认知能力。游戏中必然产生问题，对于学前儿童来说，游戏是问题的主要发生源，游戏过程是学前儿童解决问题的实际过程。当学前儿童积极地学习去思考、加工信息、解决问题时，他们会获得解决问题的能力，思维能力得以发展。只有允许学前儿童积极探索，鼓励他们积极寻求多种解决问题的方式，学前儿童解决问题的能力才会得到更好的发展。例如，玩角色游戏"公共汽车"时，学前儿童要分配角色，谁当司机、谁当乘客。当"司机"的学前儿童要决定用什么当方向盘、用什么当刹车、用什么当加油站；当乘客的学前儿童把自己当成老爷爷或老奶奶，要假装去某个地方做一件事情。总之，在游戏中学前儿童的思维不断活跃起来，游戏的内容和情节逐渐丰富。

此外，在需要开动脑筋的智力游戏中，学前儿童思考的积极性更突出。计算游戏、语言游戏、猜谜语等科学常识游戏都有利于促进学前儿童思维的发展。

以学前儿童自己的意愿和想象为主导的创造性游戏对学前儿童思维能力发展的作用更为明显。游戏过程是学前儿童的兴趣所在，所以在游戏情境中发生的问题，更容易激发其好奇心、求知欲。学前儿童在被许可的、自由的游戏环境中，按照自己的意图、计划行动，按自己的兴趣和已有的知识、经验去认识环境、解决问题，在愉快的游戏气氛中与周围环境发生互相作用，培养思维的积极性，自发地进行探索，找出更多解决问题的办法。游戏这一活动形式可以减少学前儿童面对失败和挫折时的心理压力，也有利于提高学前儿童积极想办法解决问题的能力，促进其思维能力的发展。

（二）游戏与学前儿童创造力的发展

创造力是运用已知信息，创造出新思想、新事物的能力。它与思维的流畅性、灵活性、独创性及创造性想象相联系。游戏以其特有的魅力吸引学前儿童，让学前儿童拥有自由想象的空间，对学前儿童创造力的发展起着重要作用。对创造力的研究表明，创造力与主动自愿的内部动机、自由民主的气氛、灵活易变的形式有着密切关系。这些也正是游戏的特点和性质，开展游戏与发展创造力之间有着许多相似之处。

美国创造学研究专家罗杰·冯·伊区在《当头棒喝》一书中指出，游戏是打开阻碍创新能力发展心智枷锁的重要方法。他举了一个喜欢建造的工程师的例子：积木曾是其童年时最喜爱的玩具。他工作后发现，工作的每个领域都与创造性的游戏有相同之处，不管是搭积木，还是设计集成电路，还是创办一个新公司，都需要许多新创意和新点子。

游戏为学前儿童提供了充分的创造性想象的发展空间，有助于学前儿童创造个性和创造性思维的形成。尤其是以学前儿童自己的意愿和想象来进行的创造性游戏，让学前儿童拥有自由想象的空间，能够无拘无束地玩耍，在愉悦的游戏环境中按自己的兴趣和经验与周围环境发生相互作用，引发多种联想，产生新颖的想法和独特的行为，从而促进学前儿童创造性思维的发展。在结构游戏中，学前儿童用积木、塑料、沙子等材料，构造出一幅幅富有创造力的图景。

游戏为学前儿童提供了没有压力的解决问题的环境，有利于学前儿童从多个角度思考问题、处理问题并取得成果，促进其思维的关联性发展。坚持性、好奇心等个性因素对学前儿童创造力的发展也有重要影响。好奇、好问、好动是学前儿童的共同特点，在游戏中学前儿童怀着好奇心去探索，不断积累新经验，也促进了创造性思维的发展。

创造性游戏增加了学前儿童对相似情景做出多样性反应的可能性，可以促进学前儿童发散性思维的发展。所谓发散性思维是指从一点向四周辐射式的思维活动，它是创造性思维的一个重要方面。例如，在玩沙、玩橡皮泥、拼搭积木时，学前儿童可凭自己的想象，无拘无束地进行构建。在一些角色游戏中，学前儿童可以根据自己的经验在任务、物品及活动情节上尽情地进行象征性替代和创造性想象。在创造性思维中，既有发散性思维又有聚合性思维，不同的发散性思维和聚合性思维有机地结合在一起，构成不同水平的创造性思维。

（三）游戏与学前儿童语言的发展

儿童的语言获得是一个连续发展的变化过程，幼儿期是口头语言发展的关键时期。语言获得需要有先天性的物质基础，包括发音器官、大脑语言中枢的发育和成熟，但真正的语言发展一定是通过社会环境和儿童的实践获得的。语言是表达、交流思想和情感的工具，其最本质的功能就是交际。学前儿童基本上是运用口头语言来进行交际的，促进学前儿童口头语言的发展是学前儿童语言发展的重点。因此，学前儿童语言发展的关键就在于使学前儿童有机会以各种方式练习说话。游戏为学前儿童语言的实践提供了机会，是促进学前儿童口头语言发展的重要和有效途径。

游戏为学前儿童提供了语言表达的环境。学前儿童为了学会用组合的方式谈话，似乎必须用以贪玩的心理所促成的灵活方式与周围人交流。在贪玩心理的刺激下，他们练习发音、训练表达、丰富词汇、理解语义。而且，学前儿童天生就有一种通过游戏获得技能的本能，包括在语言游戏中练习表达。布鲁纳认为，儿童最复杂的语法和言语符号往往最先在游戏情境中使用。在游戏活动中，儿童可以迅速地掌握本国语言。他以一个3岁孩子第一次使用条件句的例子为证："如果你和我好，把你的小汽车给我，我就把我的枪给你。"如此复杂的语言，通过"教"是难以实现的，叫一个4岁孩子用"如果……就……"来造句，恐怕也是难以顺利完成的。同样，一些复杂的谓语、省略句、重复句等也会先出现在游戏中。如果一味地教儿童一些复杂的词汇，那只能使儿童长时间停留在消极词汇中，只有在游戏的情景中，这些词汇才有机会转化为积极词汇。

游戏为学前儿童提供了语言实践的机会。比如说大家一起玩什么游戏、谁和谁一组、谁违反了游戏规则、是否要换个新玩法等，对这些话题的商讨促使学前儿童之间出现了较为频繁的交流。同时，在学前儿童的游戏情景中，语言成为游戏活动的一个必要部分。根据萨拉·斯米兰斯基的观点，想象性游戏中运用语言代替现实一般有四种方式：改变人的身份、改变物体的性质、替代动作、描述情景。

儿童之间的相互作用和语言交往成为区别角色游戏和其他活动的要素之一，为儿童从同伴那儿学习新的词汇和概念提供了机会。此外，游戏中不断出现的新的情境，能够反复锻炼学前儿童的语言能力，丰富学前儿童的词汇量。儿童通过模仿而学到的往往只是简单句子，但在游戏中却可以运用已经掌握的语言能力，表达出更为复杂的意思和句子，来处理游戏中的冲突和解决游戏中的问题。因此，游戏极大地促进了学前儿童语言的发展。

还有些游戏，本身就和语言密切相关，属于语言类游戏。儿童就像操纵物体一样来操纵语言，把语音和词句当作具有多种玩法和时刻伴随的玩具，把语言当作游戏的对象，自发地编押韵的顺口溜玩对话的游戏。考特尼·卡兹登把这种游戏看作是一种"变形语言意识"，她认为这种语言意识对于儿童阅读和写作的学习相当重要。

游戏使学前儿童的语言学习成为积极主动、愉快有趣的过程。在游戏中，学前儿童处在一个自由、宽松的语言环境中，可以体验到语言学习和交流的快乐。如在角色游戏中，如果让学前儿童担任自己喜欢的角色，他的心理需要就会得到满足，会投入地参与其中。如玩一句话接龙游戏时，要求每名学前儿童说上一句话，但不能重复前面自己或别人说过的内容，比一比谁说得又快又好。这种带刺激性的游戏活动，也会使学前儿童情绪高涨，积极参与。

对于学前儿童的语言指导，应注意不要直接修正学前儿童的错误，以免抑制学前儿童练习语言的积极性；也不要急于解决学前儿童游戏中的冲突。冲突往往是发展学前儿童语言的有利时机。在游戏中，学前儿童为了达到自己的目的，如向伙伴要玩具，会尝试使用多种表达方式来说服对方。在解决冲突的过程中，学前儿童的表达能力、交流技能会得到很好的发展。总之，游戏行为能够促进学前儿童运用语言、发展语言，并以语言为中介发展智力，从而增进对事物的认知。

三、游戏与学前儿童社会性的发展

社会性是指人们进行社会交往，建立人际关系，理解、掌握和遵守社会行为准则，以及控制自身行为的心理特征。社会性发展是儿童心理发展的重要内容之一，是儿童从自然人逐渐掌握社会的道德行为规范与社会行为技能，成长为一个社会人的过程。这是在个体与社会群体、儿童集体以及同伴的互相作用、互相影响的过程中实现的。儿童在出生以后，在环境和教育的影响下，在参与社会生活的过程中，他们的社会性逐步发展，逐渐学习与他人进行交往，学习建立人际关系，如亲子关系、同伴关系、师生关系，学习按社会行为规范去行动。

游戏活动对学前儿童社会性发展具有重要意义，是学前儿童社会性发展的重要途径。游戏大多都需要他人的配合，即使是单独的个人游戏，有时也有假想的游戏伙伴。游戏是学前儿童进行社会交往的起点，它使学前儿童获得了更多适应社会环境的知识和处理人际关系的技能，使学前儿童的社会性得以成熟，促进了学前儿童的社会化进程。

（一）游戏与学前儿童的自我意识

自我意识是人社会化的关键。一个人只有当他意识到自己的存在时，才具备接受社会文化教育的基础。一个人的自我意识越正确，就越能正确地对待自己和他人。婴儿无自我意识，分不清自己和外界的区别，对自己与客体混沌一片，把自己当客体。到1岁左右，儿童开始产生自我感觉，这是自我意识最原始、最初级的形态。2岁左右，儿童开始用人称代词"我"来表示自己，开始意识到了自己心理活动的过程和内容，开始从把自己当作客体转化为把自己当作一个主体的人来认识，这是自我意识的萌芽阶段。但这种低级阶段的自我意识是以我为中心的，学前儿童必须在与人的互相交往中才能摆脱自我中心，使自我意识达到高级阶段，在自我意识发展的基础上，意识到自己和他人的关系，意识到自己在相互关系中的位置，能够从他人角度看问题。游戏是学前儿童期最主要的交往形式之一，所以游戏能促进学前儿童自我意识的发展。

游戏是一种将以自我为中心的个体转变成适应社会化需要的个体的途径。角色游戏对于发展学前儿童从他人角度看问题的能力起着重要的作用。学前儿童在游戏中扮演各种角色，由于角色的需要，学前儿童必须按角色的身份以及情感体验来行动，把自己当作别人来意识，他既是"别人"，也是自己。在自我与角色的统一与守恒中，他吸取了"别人"的经验，把自己摆在"别人"的位置上，从以自我为中心转变到了从他人的角度来看待问题，发现了自己与别人的不同，学会发现自我，使自我意识得到发展。

（二）游戏与学前儿童的交往能力

学前儿童的社会化发展过程离不开人与人之间的交往和相互作用。婴儿出生后的第一个社会交往团体是家庭，家庭成员很早就开始与婴幼儿开展游戏活动。随后，同伴关系成了儿童时期一个重要的人际关系，是儿童个性发展的社会化动因。学前儿童要在社会交往活动中不断地学会生存，学会去适应自己所面临的社会生活，包括学习必需的生活知识，培养处理人际交往关系的能力，学会遵守社会认同的行为方式、规则或准则。这一切首先是在游戏中开始得以实践的，游戏是他们进行社会交往的起点。

游戏是学前儿童交往的重要媒介。学前儿童通过模仿参与家庭、商店、公共汽车、菜市场、医院、邮局等各方面的社会活动，增加了学习社会角色、熟悉角色义务、接触现实生活的机会。玩具材料更是起到了游戏交往的物质载体作用，尤其当互不相识的学前儿童在一起时，有没有玩具，互相之间接触和交往的密切程度是不一样的。玩具能够使学前儿童之间的交往变得更为活跃，并使他们一起玩的时间更长。有人曾经把10~12个月、22~24个月的相互不认识的同龄儿童放在一起进行观察。在没有玩具的情况下，儿童间相互模仿对方动作、朝对方微笑；当玩具出现后，他们则把自己的玩具给对方看，或相互交换玩具，且玩相同的游戏。对3~6岁儿童游戏的观察表明，儿童在一起时，相比一个人单独游戏，他们更倾向于探究新玩具，发现玩具更多种的玩法。在游戏过程中常常出现争抢玩具或角色的情况，这就要求儿童学会与同伴分享玩具，学会协商、轮换、相互谦让和合作。

　　游戏规则更能发展学前儿童的交往能力。游戏规则包括游戏角色的行为规则和游戏计划的程序规则，是玩游戏过程中必须执行的。在游戏过程中，学前儿童能够学会在与同伴发生冲突时如何坚持自己的正确意见或放弃自己不正确的想法，学会运用交往的规则来引导自己的行为和协调人际关系，从而使自己的交往能力得到增强。例如，在玩"老鹰捉小鸡"这个游戏时，扮演老鹰和小鸡的学前儿童为"小鸡怎样算被抓住"而争执起来。这个说"衣服被老鹰碰到了就算抓住"，那个说"已经逃出就不算被抓住"。他们会互相讨论商量，制定一个"被抓住"的标准。学前儿童一方面要表达自己的意愿，采取行动；另一方面要理解别人的意愿，做出反应，从而发生同伴的互相交流。在游戏的交往中，学前儿童懂得了分享、合作、协商、谦让、讲礼貌等人际关系的准则，从而增强了交往能力。

　　在儿童的世界中，游戏场上的法则与成人世界的法则非常相似。从儿童时期就建立起来的观念、态度、信仰、技巧和手段，将适用于人的一生。

（三）游戏与学前儿童的自控能力

　　自制自控是一个人成功的基础，它能帮助人们有效地调整自我心境，更好地实现目标。自控能力是指在意志行动过程中抑制那些干扰性因素，保持着有效行为。自控是意志的重要方面，是一种抑制行为。

　　意志是个性的重要构成因素。在现实生活中行动的果断性、对无意义行为的自我控制能力、遵守规则、克服困难等意志品质，是学前儿童社会性构成的重要方面。学前儿童自制力差，意志行动尚未充分发展，但在游戏中，学前儿童却表现出较高水平的意志行为。游戏能培养和锻炼学前儿童的自控能力。

　　游戏是磨炼意志的场所。为了更好地玩游戏，学前儿童乐于抑制自己其他的愿望，增强自我控制能力，并逐渐学会使自己的意见和别人的看法协调起来，学会相互理解和帮助,学会协商、合作,积极地反馈与支持,学会对同伴让步以及被同伴接纳等。在角色游戏中,角色本身就包含着行为准则和榜样,扮演角色的过程就是锻炼意志的过程。如"乘客"在车没到站时是不能"下车"的;"买菜"就要"排队";"医生"的职责是"看病";在"老狼老狼几点了"的游戏中,当"老狼"的学前儿童在回答几点钟时不能回头看,其他学前儿童只有听到"老狼"说"天黑了"或"十二点"时,才能转身往回跑。学前儿童在游戏中往往会自然产生游戏的中心人物、主角和配角,担任次要角色或处于被动地位角色的学前儿童,不管愿意与否,都要听从指挥者的指挥,这也需要学前儿童控制自己的情感、行为、愿望。这些对学前儿童意志力的培养起着重要的作用。

(四)游戏与学前儿童的亲社会行为

亲社会行为主要是指对他人有益或对社会有积极影响的行为,包括分享、合作、助人、安慰、捐赠等。学前儿童的亲社会行为在很早就产生了。在对18个月、30个月的儿童在父母和陌生人做家务(包括摆桌子、整理散乱的杂志和扑克、叠衣服、扫地和整理床铺)时的表现进行观察后发现,半数以上的18个月的儿童及全部30个月的儿童帮助成人做了大部分家务,且表现出愉快的情绪。这说明学前儿童对成人及其所从事的活动感兴趣,喜欢模仿,且富有创造性,喜欢与成人打交道和练习技能。

游戏是学前儿童学习和掌握社会角色的一条途径。儿童出生后,就不可避免地处在一定的人际关系和社会环境中,不可避免地被赋予某种角色。有些角色是一出生就决定的,如男人或女人;有些角色是随着社会生活范围的扩大而出现的,如在家里是孩子,在幼儿园是小朋友,进入学校后是学生,长大后会有更多新的角色。每种角色都是社会接受的角色行为,学前儿童需要不断学习社会角色行为。如果非角色行为成为学前儿童的习惯行为,那么学前儿童将在社会生活中遭受挫折。

游戏,特别是角色游戏和表演游戏,是学前儿童模仿、练习成人生活技能的良好活动。他们在游戏中扮演角色,以角色的身份来游戏,在游戏中体验着角色的喜怒哀乐,在与同伴的交往中逐渐懂得了分享、学会了合作。在照顾幼小的"娃娃"及"病人"的过程中,儿童学会了安慰和帮助;当同伴遇到困难时,儿童会表现出对他人的移情和关心。在"公共汽车"游戏中,"司机"主动提醒"乘客"刷卡或投币买票,并提醒"给有需要的乘客让座"。在表演游戏"小熊请客"中,儿童会给请客的小熊带礼物,感谢小熊的邀请。在"商店"游戏中,扮演"收银员"的儿童必须正确地收找钱款给顾客,而"顾客"也要自觉地在买东西后付款。这些行为都是要受到规范和制约的,在这个过程中学前儿童的规范意识也就逐步发展起来了。学前儿童在游戏中通过模仿学习的社会行为规范,会迁移到学前儿童的实际生活中,有利于学前儿童社会性的发展。

游戏中的榜样行为也有利于培养学前儿童的亲社会行为。斯坦福大学心理学家大卫·罗森汉和美国社会学家威廉·怀特曾做过这样的实验：让四年级和五年级的儿童玩一种滚球游戏。游戏中可以赢得一种奖品证明卡，此卡可以在本地的玩具店兑换实物。实验控制的因素之一是让儿童看到或看不到一个作为榜样的成人把他的一些奖品证明卡投入到一个募捐箱中。在看到这种利他行为榜样的儿童中，几乎一半的儿童在单独一人时也做出了共享行为。榜样可以激发和培养儿童的利他行为。因此，教师在指导学前儿童游戏时，要及时将学前儿童好的行为及习惯作为榜样并给予赞扬。当学前儿童发现他的行为可以得到同伴及教师的赞扬时，其行为可以在互惠中得以培养。在游戏过程中，如果学前儿童不遵守规则或有破坏行为的产生，就会遭到同伴的斥责，为了能更好地玩游戏，他必须做出符合同伴要求的行为。

通过游戏，学前儿童首先学会了发现自我，了解到自己是什么样的，发展了自我意识，并知道了自己的行动会带来什么样的后果，培养了自控能力。游戏为学前儿童提供了获得社交能力的大量机会，使其学会如何去应对新的情境。游戏还可以帮助学前儿童确定社会角色，使学前儿童的社会性协作也可达到一个崭新的高度。因此，游戏是促使学前儿童社会性发展的一条很重要的途径。

四、游戏与学前儿童情绪情感的发展

情绪和情感是人对客观事物是否符合自身的需要而产生的态度体验。现实生活中有些事物使人高兴、欢乐，有些事物使人忧愁、悲伤，有些事物使人惊恐、厌恶。情绪是和有机体的生物需要相联系的体验形式，它有积极的也有消极的。情感则是同人的高级的社会性需要相联系的道德感、美感和理智感等。情绪和情感紧密联系，情感是在情绪的基础上形成的，对情绪产生着巨大影响。

幼儿期是情绪情感活动发生、发展的重要时期。游戏是一种积极的情感交往方式，有利于各种情感类型的产生。游戏活动往往伴有丰富的情绪情感体验，不仅能够给儿童带来快乐，而且能够丰富、深化儿童的情感，有助于学前儿童表现积极的情绪情感、宣泄消极的情绪情感，从而促进儿童情绪情感的发展。

（一）游戏与学前儿童的情绪体验

学前儿童的游戏活动带有情绪色彩。游戏是丰富、深化学前儿童的情绪体验，以及学前儿童表现积极情绪、调整消极情绪的媒介。随着游戏主题、情节的发展和复杂化，学前儿童的情绪情感体验更丰富、更深刻。例如，在表演游戏中，学前儿童深深地体验着故事中人物的喜、怒、哀、乐；在具有竞赛性质的游戏中，学前儿童经历着紧张，体会着紧张后的放松。通过游戏，我们可以了解儿童的情绪发展状态。

1. 游戏与学前儿童积极的情绪体验

积极的情绪情感包括愉快、喜欢、爱、满意、温和、感动、轻松感等。游戏的内容和形式丰富、灵活，学前儿童在游戏中能够体验到各种积极的情绪情感。在游戏中，学前儿童能够以自己的方式毫不畏惧地探索，没有来自外界的压力，没有强制的目标，减少了为达到目标、完成任务而产生的紧张，满足了自身的需要和愿望，于是便产生了快乐、欢笑、自信、满足等积极的情绪。在游戏中，学前儿童把成人世界复杂的事物压缩至自己可以控制的范围，缩小了周围世界与其已有经验的不协调和不一致。学前儿童在运用玩具探索的过程中，可以体验到由环境的中等程度的新异性所带来的趣味性和兴奋感，并在多次重复中，逐渐熟悉并掌握周围事物，由此而产生了快乐感。

尤其是角色游戏，为学前儿童的积极情绪体验提供了更多的机会。在"娃娃家"游戏中，扮演父母的学前儿童体验着父母对孩子的关心与爱护，给孩子做饭、喂饭，为孩子穿衣服、盖被子，给孩子洗澡，送孩子上学。在"医院"游戏中，学前儿童会像医生一样给"病人"听诊、开药，嘱咐"病人"按时吃药。当"护士"的学前儿童不仅给"病人"测体温、打针，还会主动搀扶"病人"，让"病人"好好休息。在"理发店""商店"中当服务员的学前儿童，尽职尽责地为"顾客"服务，"客人"的感谢使他们的满足感溢于言表。苏联学前儿童教育学者门捷利茨卡娅指出，尽管游戏辞典里有"好像""假装"等词，但儿童在游戏时产生的情感永远是真诚的，儿童不会作假，也不会装样子，"妈妈"真心爱着自己的孩子，"飞行员"由衷地关心怎样更好地使飞机降落。

2. 游戏与学前儿童消极情绪的宣泄

消极情绪情感包括不高兴、忧愁、伤心、恨、紧张、愤怒、恐惧、沮丧、懊恼、急躁等。在生活中，学前儿童受外界各种因素影响，难免会产生一些消极情绪。如果长期处于紧张或焦虑等不良情绪状态中，儿童可能会出现食欲减退、消化不良、心跳加速、血压和呼吸不正常或其他疾病。游戏为儿童提供了表达各种情绪的安全场所，能保障儿童心理的卫生与健康。

　　游戏是学前儿童消除紧张情绪、宣泄消极情绪的有效方式和途径。以弗洛伊德为代表的游戏精神分析理论认为，游戏是儿童的精神发泄，可以补偿现实生活中不能满足的欲望再现那些难以忍受的体验，缓解心理紧张，减少忧虑，从而获得心理上的平衡。在进行游戏时，儿童内心会产生一种满足和快乐的情绪体验。想象游戏的主要优点在于它能提供一个新的刺激场，这种刺激场不是物理环境，而是由儿童凭想象和回忆创造出来的心理场。它能够使儿童逃避不愉快的现实环境和气氛，使他们产生愉快、肯定的情绪体验，改变受挫的情绪状态，从而间接实现对行为的控制。学前儿童的愤怒、厌烦、紧张等不愉快情绪，在游戏中得以发泄、缓和。人们常说"孩子的脸，六月的天"，学前儿童的情绪变化很快，可能刚刚还因为某件事情而哭哭啼啼，而后和同伴一起游戏或者玩自己喜欢的玩具，体验到愉快，就忘掉了刚才不开心的事情，情绪转阴为晴。比如，小班的孩子刚到幼儿园时常会哭闹，教师通常会带着孩子们做游戏，像"小火车过山洞"：一个教师和一个孩子双手撑起做成一个"山洞"，另一个教师带着孩子们一个拉着一个钻"山洞"。在玩这个游戏的过程中，很多儿童转移了注意力，暂时摆脱了消极情绪。所以说，游戏是学前儿童消除生活情境中产生的忧虑和紧张感，向自信和愉快情感过渡的方法。

　　"宣泄"一词一般是指内部积蓄的情感和精力的释放。精神分析学派理论家卡洛·蒙尼格强调了游戏对发泄内在的冲动和减轻焦虑的益处。他认为，游戏的价值就在于能发泄被抑制的侵犯性冲动。他们把攻击性驱力看成是人的本能，这种驱力过多地积蓄在体内会有害于身体，并形成病症，因此这种驱力便不断地寻求表现，以便加以释放。在他看来，体育竞赛是成人释放攻击性驱力的最好出路，而游戏则是儿童释放攻击性驱力的最好途径。他甚至认为，用想象性游戏去转移他们的攻击性行为，有助于减少侵犯性行为在其他环境中出现的可能性。比如，儿童在玩"打针"游戏时，可以再现"痛苦"的体验，获得战胜恐惧的愉快；同时，通过游戏转换角色，扮成"医生""护士"给别的"小孩"打针，宣泄了对医生、护士和打针的恐惧。学前儿童还可以通过一些体育游戏，如"打沙包"、反复捶打沙袋，释放不良情绪；有的学前儿童经历了宠物的死亡或者亲人的离世，可能会开展"葬礼"的游戏，在游戏中会哭，会伤心。学前儿童有时喜欢反复地搭积木，然后又用力把它推倒，这也具有宣泄的意义。许多心理学家都认识到游戏的这种价值。游戏作为调节和治疗情绪障碍儿童的手段取得了一定的效果。

　　游戏治疗是心理治疗的方式之一，是以心理咨询理论为基础，以游戏为媒介，对需要帮助解决行为障碍或心理困扰的学前儿童进行观察、测量、分析并实施矫治或疏导。

在游戏治疗中，治疗者观察学前儿童在游戏中的行为表现，有时也引导学前儿童运用某些玩具，有针对性地对学前儿童进行解释和分析。通过治疗过程，学前儿童无意识的体验变成了有意识的体验，提高了自知力，逐步地实现了自我控制，消除了问题行为和心理障碍的各种症状。

就幼儿园教育而言，关于游戏治疗的意义可以从两个层面来做分析。一个层面是对一般儿童的发展性意义，主要体现在五个方面：第一，建立积极的自我概念及自信心；第二，提升儿童独立自主、自我抉择的能力，以及沟通与表达的能力；第三，体验掌控事物的感受，并对自己的抉择负责任；第四，提升应对事物的敏锐度，建立内在的自我评估能力；第五，提高儿童对成人的信赖程度与准确表达的能力。

另一个层面是游戏治疗对有行为偏差儿童的调适性意义，主要体现在六个方面：第一，能够改善儿童所在家庭对儿童造成的伤害，如与父母分离所带来的焦虑、父母离异所引起的负面影响等；促进亲子沟通，增强亲子情感，改善家庭氛围。第二，能够增强障碍儿童的专注能力，改善儿童过分胆怯、害羞、内向的个性。第三，改善交流、交往障碍，如矫正或减轻口吃现象，刺激不善表达儿童的积极表达等。第四，能够减少或有效控制儿童攻击性行为及不安定因素。第五，减轻儿童在手术前和住院时的心理障碍。第六，疏导知觉障碍儿童的身心困扰。

在幼儿园教育实践中，游戏治疗的意义主要体现在对一般儿童的发展性上，而对行为偏差儿童的游戏治疗，则主要是在专业心理治疗人员的指导下进行。

（二）游戏与学前儿童情感的发展

情感是与学前儿童的社会性需要是否得到满足相联系的体验。情感是内在的，社会性是外在的，二者是同一现象的两个部分。随着自我意识和人际关系的发展，学前儿童的自豪感、羞愧感、委屈感、同情感等逐渐发展起来。

在游戏中，儿童摆脱了外界的压力，享受到充分的自由，用他们对现实世界的理解和自己拥有的能力来操作事物，处理关系，从而体验行为的成功感，产生自豪感，增强自信心。儿童在游戏中，主动地选择和接触各种色彩鲜艳、造型生动的玩具，主动反映现实生活中美好的东西，在游戏中感知美、体验美、创造美。儿童在游戏中积累经验，发现知识，从而体验到理智感。游戏同样通过人物关系的处理、角色情感的体验，发展儿童的同情心和道德感。作为一种积极的情感交往方式，游戏有利于各种情感类型的产生，从而深化儿童的情绪情感体验，促进儿童高级情感的丰富和发展。高级情感包括美感、道德感、理智感等。

1.游戏可以培养学前儿童的美感

美感是由审美的需要是否获得满足而产生的情感体验，它是根据一定美的评价而产生的。学前儿童美的体验有一个社会化的过程。婴儿喜欢鲜艳悦目的东西，儿童初期主要对颜色鲜明的东西产生美的认知。在环境和教育的影响下，学前儿童逐渐形成审美标准，能从音乐、美术作品等多种活动形式中体验到美，不仅能感受美，而且能够创造美。

游戏就是学前儿童感受美、创造美的一种特殊审美活动。游戏常常使学前儿童自得其乐、陶醉、着迷。漂亮的玩具会令学前儿童爱不释手。学前儿童还会主动对游戏环境进行装饰和美化。学前儿童会从音乐、美术作品等美好的事物中获得审美快感。例如，在轻松、活泼、愉快的游戏氛围中开展"吹画梅花"这个绘画游戏，把墨汁滴在纸上，让学前儿童任意吹，并互相观看作品。此外，学前儿童在选择游戏材料时，通过对不同材料的分析，确定选中的材料，这样也能丰富自己的美感。游戏是学前儿童产生美感的重要源泉，是培养和发展学前儿童美感的重要手段。

2.游戏可以促进学前儿童的道德感

道德感主要指评价自己和别人的行为是否符合社会道德行为标准时所产生的内心体验。游戏是对现实生活的反映，角色的行为无不表现出道德行为。通过任务关系的处理、角色情感的体验，游戏可以发展儿童的爱心、同情心和道德感。

一般来说，学前儿童在游戏中的行为表现都要高于他们日常的行为水平。例如，一个日常表现很不稳定、非常好动的儿童，在游戏中扮演了"交警"这个角色。他能够以交警为榜样要求自己，在岗位上持续站二十多分钟。之后，他跑下"岗楼"想参加其他活动。但是当教师提醒"怎么没有交警指挥交通了？"他能够马上意识到自己的失职而返回"岗楼"继续坚持指挥交通。又如，在模仿教师讲课的游戏中，一个孩子当老师，其余孩子当学生。"老师"讲课，"学生"安静坐在那里，不准乱说乱动，孩子们很容易做到。因为这些游戏中的准则是孩子们自己制定的，不是强加给他们的。这样的游戏不仅发展了儿童的智力，也培养了儿童的道德品质。可以说，游戏是学龄前儿童德育的学校。这里所说的道德，不是概念上的道德，而是动作、行为上的道德。游戏在孩子道德感培养中的意义就在于此。

3.游戏可以发展学前儿童的理智感

理智感是在认识客观事物的过程中产生的情感体验，是与人的求知欲、好奇心和解决问题等需要是否得到满足相联系的内心体验。幼儿期是儿童理智感开始发展的时期。如3～4岁的儿童在成人的指导下，用积木搭出一个房子时，会高兴地拍起手来。5~6岁的儿童会长时间迷恋于一些创造性活动，如用积木搭出宇宙飞船、航空母舰，用泥沙堆成公路、山坡等。6岁左右的儿童喜欢进行各种智力游戏，如下棋、猜谜等。这些活动不仅使学前儿童产生由活动带来的满足、愉快、自豪、独立感等积极情感，还会成为促进学前儿童进一步去完成新的、更为复杂的认识活动的强化物。

　　学前儿童的理智感有一种特殊的表现形式，即好奇好问、有较强的求知欲。在这方面，其他任何年龄的儿童都不会表现得如此明显。幼儿初期的孩子往往问"这是什么"，后来逐渐发展到问"为什么""怎么样"等。例如，一个5岁左右的男孩一年内共提出4043个涉及25个方面的问题。如果问题得到解决，学前儿童就会感到极大满足，否则就会不高兴。学前儿童的求知欲在游戏中有着最充分的表现，伊万·彼得罗维奇·巴甫洛夫认为儿童天生就具有一种不学而能的探究力。儿童在游戏中积累经验，丰富知识，认识事物，从而体验和不断发展理智感。

　　另外，学前儿童在游戏中对成功感的体验要比对挫折感的体验强烈得多，并且在游戏时所产生的情感永远是真诚的。所以，游戏对于儿童的高尚情感如成就感、光荣感、责任感等的培养具有特别重要的意义。

　　总之，游戏是一种有趣的、自由自愿的活动。在游戏中，学前儿童可以根据自己的兴趣爱好选择活动，毫不掩饰地表露自己的真实情感，没有任何精神负担和外在压力。在游戏中，学前儿童体验着各种情绪情感，并学习表达和控制情感的方式。游戏是学前儿童表露和发泄情感的渠道，是学前儿童调整自己情绪的途径。游戏能够发展学前儿童的美感、道德感、理智感、成就感，增强学前儿童的自信心，保护学前儿童的心理健康。游戏在学前儿童情绪情感的发展过程中发挥着重要作用。

　　综上所述，游戏对学前儿童身体、认知能力、社会性和情绪情感各方面的发展都有积极的促进作用。没有游戏就没有学前儿童的发展。

第二章 学前儿童游戏理论

儿童游戏研究始于19世纪下半叶,这与当时科学理论发展的历史背景分不开。19世纪,自然科学的三大发现:细胞、能量守恒与转化定律、生物进化论,改变了人们对世界的看法和思维的方法。曾经被认为是静止的、固定的、僵硬的一切东西,都被证明是在永恒地流动和在循环中运动、变化着。在达尔文的生物进化论思想的直接影响下,人们开始探寻学前儿童游戏的原因、学前儿童游戏的产生和发展过程、游戏对于儿童发展的价值等问题的答案,对游戏了进行多种形式的研究。游戏开始受到生物学、心理学、文化学、人类学等多个学科的关注。由于人们对学前儿童游戏的基本观点不同,观察问题的角度不同,思考和说明问题的方法不同,于是出现了各种不同的游戏理论派别。

第一节 经典游戏理论

经典游戏理论是最早的游戏理论,出现在学前儿童游戏研究的初兴阶段,具体时间为19世纪下半叶到20世纪30年代左右。这是人类历史上第一次对游戏开展研究进而形成理论。人们开始关注人、关注儿童,关注儿童为什么要游戏。经典游戏理论主要基于生物学的视角,从不同的角度阐释了儿童游戏的原因。

一、剩余精力说

剩余精力说的主要代表人物是德国思想家席勒和英国思想家斯宾塞。剩余精力说认为，游戏是由于机体内剩余的精力需要发泄而产生的。生物用于保护自己生存的精力，除了维持正常生活外还有剩余，如果体内积蓄了过多的精力，就必须找到合适的途径去消耗掉。游戏是消耗剩余精力的最好形式。剩余精力越多，游戏就越多。低等动物用于维持生命的精力较多，剩余精力较少，所以没有游戏或很少游戏；高等动物用于维持生命的精力相对少，剩余的精力较多，机体内剩余的精力需要消耗因而产生较多的游戏。这一理论可以用来解释为什么孩子玩起来似乎不知疲倦。

二、松弛说

松弛说也被称为娱乐说，代表人物是德国的哲学家、心理学家莫里茨·拉扎鲁斯。松弛说认为，游戏不是发泄精力，而是松弛、恢复精力的一种方式，其目的是恢复工作所消耗的能量。当人类进行体力劳动和脑力劳动时就会身心疲倦，这种疲劳需要一定的休息和睡眠才能消除。然而只有当人解除紧张状态时，才可能得到充分的休息和睡眠。游戏和娱乐活动可使机体解除紧张状态，具有一种恢复精力、增进健康的机能，所以人需要游戏。

三、生活预备说

生活预备说的代表人物是德国的心理学家、生物学家卡尔·格罗斯。生活预备说认为，儿童天生的本能不能适应将来复杂的生活，需要有一个准备生活的预备阶段。游戏就是对未来生活的一种无意识准备。游戏为儿童提供了一种安全的方法帮助他们练习，使本能更完善，以便日后生活使用。

四、复演说

复演说的代表人物是美国心理学家斯坦利·霍尔。复演说认为，人类的文化经验可以遗传。游戏是远古时代人类祖先的生活特征在儿童身上的复演，不同年龄阶段的儿童复演祖先不同形式的本能活动。儿童会复演史前的人类祖先到现代人进化的各个发展阶段，游戏中的所有行为和动作都是遗传下来的。例如，儿童的爬行和蹒跚行走是人类动物阶段的反映；儿童玩投掷、追逐、捉迷藏是人类野蛮阶段的反映；儿童使用玩具的活动和挖掘沙滩的活动是人类农业阶段的反映；儿童的小组竞赛活动是人类部落阶段的反映。儿童要在游戏中根除"史前状态的残余"，让个体摆脱原始的、不必要的本能动作，为当代复杂的生活做准备。

上述的经典游戏理论是人类历史上第一次严肃对待游戏，并对游戏做出解释，为后面的研究奠定了基础。尤其在游戏原因的解释、游戏的分类、游戏的发展阶段、游戏的特征描述方面影响深远。但是，经典游戏理论过于强调游戏的生物本能，忽视了儿童发展的社会文化背景，把儿童游戏与动物游戏等同起来，以动物行为推导儿童行为，是不太适宜的。而且，经典游戏理论只能部分地解释游戏的特征，仔细推敲后会发现有很多的漏洞，因而具有较大的局限性。

第二节 现代游戏理论

一、精神分析学派的游戏理论

二十世纪四十年代到五六十年代，儿童游戏研究处于缓慢发展的阶段，以西格蒙德·弗洛伊德为代表的精神分析理论在儿童游戏研究领域占统治地位。

（一）发泄补偿说

该学说的代表人物是奥地利心理学家、精神病医师、精神分析学派的创始人弗洛伊德。弗洛伊德在研究儿童的心理问题时关注到儿童游戏，他认为儿童是为了追求快乐、宣泄焦虑而游戏。儿童游戏的动机是追求快乐，遵循"唯乐原则"；游戏的价值在于宣泄敌意、不满或报复冲动，减少忧虑，发展自我力量，以满足现实生活中不能实现的冲动和欲望，使心理得到补偿。儿童期的主要愿望是快快长大，做成人所做的事，但是这在现实中是不可能实现的，于是儿童就借助游戏来满足成为大人的愿望。

1.游戏是宣泄焦虑、补偿愿望的活动

弗洛伊德从人格发展的角度来论述他的游戏观点，他认为人格的发展是由"本我""自我""超我"三个部分组成的。

"本我"是与生俱来的原始本能，要求人按照快乐原则行事。"本我"引导儿童去盲目地追求满足，不受约束，想干什么就干什么，可以随心所欲。

"超我"是人格当中最文明的成分。"超我"要求人按照文明社会的标准行事，如遵守道德要求、行为标准，要求人们按照至善原则行事，不能随心所欲，想干什么就干什么。"本我"和"超我"之间形成了一对矛盾，平衡并解决这对矛盾的关键因素是"自我"。

"自我"是平衡"本我"和"超我"的中介，要求人按照现实原则行事，监督"本我"，予以适当满足。"自我"和游戏相结合，使儿童既可以满足"本我"原始的生物欲望，随心所欲，想干什么就干什么，同时又不违背"超我"中文明社会的要求和约束。例如，小朋友说"我要做爸爸妈妈"，现实社会中孩子做爸爸妈妈显然不现实，但在游戏当中孩子可以扮演爸爸妈妈，既满足了自己的愿望，又并不违背文明社会的标准。因此，弗洛伊德认为，"自我"使"本我"和"超我"在游戏当中得到平衡，"自我"得到发展。学前儿童在游戏中通过假想实现在现实生活中不能满足的愿望。

弗洛伊德非常关注儿童及童年游戏，因为他发现很多成年之后的心理问题，都可以追溯到童年时期。弗洛伊德认为游戏具有宣泄敌意及报复冲动的功能，强调游戏的益处在于宣泄压力和降低焦虑。童年时期如果没办法把自己的焦虑和问题发泄出来，这些焦虑和问题就会从意识层面被挤压到潜意识层面，在潜意识层面的时候不会表现出来，不会有问题。但是随着成长，这个潜意识层面的东西可能会浮到意识层面，这个时候人就会产生心理问题。弗洛伊德在治疗这些成人的时候发现，童年早期的游戏是非常重要的影响因素。如果童年早期给他们提供了游戏的环境和机会，他们就可以把焦虑和问题发泄出来，心理就能够健康地发展。因此，弗洛伊德非常强调游戏的宣

泄功能，认为游戏可以宣泄压力和降低焦虑，有助于儿童的心理健康发展。

2.游戏的动机遵循"唯乐原则"

弗洛伊德认为儿童游戏的动机遵循"唯乐原则"。儿童游戏的主题既包括愉快的体验，同时也追求"非愉快"带来的愉快体验。

一方面，儿童的游戏主题与快乐的体验相联系。儿童在游戏中追求快乐、享受快乐，模仿成人，扮演各种角色，再现愉快的生活情境。例如，"娃娃家"游戏出现了快乐幸福的家庭生活情节、"蛋糕店"游戏记载了过生日吃蛋糕的美好片段、"开汽车"游戏再现了各种与家人出游的经历、"超市"游戏重现了忙忙碌碌选购物品的快乐体验等。儿童在游戏中愿意再现开心快乐的经历和体验，从而在游戏的过程中获得情感上的满足。

另一方面，非愉快的体验也成为游戏的主题。儿童在游戏中追求开心的体验，但他们所选择的情节并不都是愉悦的。非快乐甚至是痛苦的经历也会成为游戏的情节。弗洛伊德认为这是儿童另一种"唯乐原则"的体现。虽然表现的是不开心的经历，但在游戏过程中儿童实现了身份的转换，将现实生活中不开心的经验迁移到游戏中，自己由现实生活中被动的承受者角色，摇身一变成为主动驾驭者角色，通过身份角色的转变过程，将痛苦经历加以转嫁，从而获得情感愉悦的补偿。例如，医院是令儿童恐惧的地方，只有生病了父母才会把他带到医院去，打针、吃药的痛苦对他们来说就是一种不愉快的体验。但儿童在游戏中却喜欢玩有关医院的游戏。这是因为，在现实生活中，儿童是被动的承受者，在游戏中他却可以扮演医生，将自己的痛苦经历转嫁到生病的玩具娃娃身上，使自己从中获得愉悦。可见，非愉快的体验也能成为游戏的主题，并带来愉快体验。

3.游戏为儿童提供宣泄的"安全岛"

弗洛伊德认为，游戏是儿童发泄对现实社会不可接受的、放肆的、冲动的、焦虑的情绪的"安全岛"。在游戏中，儿童不需要考虑外界的束缚、要求，可以随心所欲地干自己想干的事情。因此，儿童在游戏中，可能会无意识地出现重复性动作和情绪性体验，而这些无意识表现出来的行为，正是儿童内心焦虑、压力的宣泄。因此，观察儿童的游戏可以帮助成人了解儿童的心理状况。

游戏是儿童心理健康的润滑剂。弗洛伊德认为，儿童通过游戏自由表达的时期非常短暂。随着理性思维的发展，批判性或理性束缚了儿童通过游戏的自由表达，童年游戏期结束。因此，成人一定要珍惜儿童短暂的童年游戏期，多给儿童自由游戏的机会，让游戏成为儿童宣泄现实生活中遇到的不适应、挫折或焦虑的窗口，以保证儿童心理的平衡与健康。

（二）角色扮演动机说

该学说的代表人物是美国学者莉莉·佩勒。佩勒主要研究了儿童在游戏中扮演的角色以及儿童选择相应角色背后的情感动机，从角色扮演动机的角度分析和解释了儿童的游戏，丰富和发展了精神分析学派的游戏理论。

1.儿童扮演角色的类型

游戏中儿童所扮演的角色，并不是现实生活中成人角色的翻版，而是基于对某个角色的感情，选择性地扮演角色。儿童对角色具有高度的选择性，背后隐藏着深刻的情绪原因。佩勒通过观察发现，儿童扮演的角色一般有以下三类：

第一类：模仿热爱、钦佩、敬重的人。儿童喜欢模仿他们热爱、敬佩的人，尤其是成人，以使他们"快快长大成人"的愿望得到满足。他们在游戏中常常扮演他们身边熟悉的人，如父母、教师、交警、汽车司机、厨师等。

第二类：再现引起恐惧的人或情节。儿童常常扮演引起他们恐惧的人或情节，试图克服与之相关的焦虑，征服恐惧。例如，儿童通过扮演医生，克服对医生、打针的恐惧。

第三类：扮演不合身份、低于身份的角色。通过扮演这样的角色，儿童能够在游戏的安全范围内做自己想做但现实生活中又不允许做的事情。例如，儿童常常扮演婴儿、动物、小丑等角色，以此来掩饰自己的错误和过失，或者享受被照顾、被宠爱的快乐。

2.儿童游戏的发展阶段

佩勒还从发展的角度描述了儿童游戏的不同发展阶段，主要有以下四个发展阶段：

（1）身体游戏阶段

这一时期的儿童存在身体方面的焦虑，开始探索身体，如吃自己的小脚丫。

（2）亲子游戏阶段

这一阶段的儿童害怕失去母亲，担心母亲离开，因此这一阶段进行的亲子游戏较多。

（3）角色游戏阶段

儿童想模仿大人做事情，但由于能力的缺乏常常产生无法与成人匹配的无力感。唯一解决的办法就是通过角色游戏，想象性地获得满足。

（4）规则游戏阶段

这一阶段的儿童通过与伙伴进行游戏而获得独立，开始出现规则游戏。

（三）人格完善说

该学说的代表人物是美国的心理学家埃里克·埃里克森。他认为，游戏是自我的一种机能，能整合自我的生物因素与社会因素并使之协调发展。游戏可以降低焦虑，使愿望得到补偿性的满足。

埃里克森着重研究了游戏的心理社会发展顺序，把游戏当作系列未被展开的心理社会关系加以探讨。

1.游戏发展阶段

埃里克森提出了游戏发展的三个阶段。

第一阶段为自我宇宙阶段，婴儿以自己的身体为宇宙。这一阶段又分为两个时期，第一个时期是以自己为探索活动的中心。婴幼儿以探索自己的身体为乐。他们试图重复或重新体验各种动觉或感知觉。典型的动作是通过嘴唇来感知外部世界，什么东西都要放在嘴里尝。一遍一遍地重复某种语言也是婴幼儿探索活动的一种表现。有时候我们看到小朋友玩自己的口水，不断地伸舌头，不断地敲自己的脚，或者不断地重复某句话等，都是他们在以自己为探索活动的中心。例如，婴儿啃自己的脚丫或自己的手，是在积极探索自己的身体，并以此为乐。在第二个时期，婴幼儿的探索活动扩大到他人和客体，但着眼点仍然是肉体的快乐。例如，他们试图用不同的语音和喊叫来验证自己对母亲出现的影响效果，发现自己一哭妈妈就会出现或者说"妈妈"妈妈就出现。在此过程中，他们会发现以不同的语音、不同的方式喊妈妈，妈妈就会以不同的方式出现。

第二阶段为微观阶段，用小型玩具或物品来表现主题，学会在微观水平上操纵和驾驭世界。例如，儿童在玩橡皮泥时，用搓、压、擀等方式把橡皮泥做成各种形状，通过一系列玩橡皮泥的行为，证明自己影响环境的能力。

第三阶段为宏观阶段，儿童与他人共享这个世界。例如，小女孩自己都还走不稳，精细动作也没有发育好，但她却尝试去操作玩具、操作物品。她帮着大人拎袋子，其实就是想证明自己的能力，什么事情都可以自己做，想要与成人共享这个世界。

埃里克森认为，游戏所采取的形式是随着心理社会问题和自我情景的变化而变化的。

2.游戏伴随人格发展而发展

埃里克森继承弗洛伊德的观点，认为游戏帮助儿童的人格从一个阶段向另一个阶段发展。游戏的形式随着年龄的增长和人格的发展而不同。人格发展每个阶段有不同的发展任务，如果发展任务解决得好，儿童就能形成理想的人格。埃里克森把人格发展分成八个阶段，前面三个阶段跟学前阶段紧密相关。

（1）第一阶段：信任对不信任（0～1.5岁）

儿童从出生开始就时刻形成着对世界的认知，在大人眼里，儿童不懂事，但其实他们每一天都比昨天更懂事。在这一阶段，儿童如果能够得到温暖、爱的抚摸以及足够的关怀，就会形成信任他人的倾向。反之，如果生理和心理上的需要没有得到关注，儿童就会出现不信任他人的倾向，未来可能会加深不安全感、猜疑，以及在与他人建立关系时出现困难。

因此，抚养者要经常和儿童玩亲子游戏，去抚摸、去抱儿童，和儿童互动。母子互相凝视，母亲带着亲善、关爱的表情注视孩子，逗乐、说话，给予孩子不断的刺激，在互动的过程中，传递着爱的信息，使孩子从中感受到周围的环境可以信任。良好的亲子关系是产生信任感的基础，游戏对于良好的亲子关系的形成和信任感的产生具有重要的意义。

（2）第二阶段：自主性对羞愧、疑虑（1.5～3岁）

这一时期，儿童学会了大量的技能，开始自己探索世界，他们会爬上爬下，摸这摸那，走东走西，跑来跑去。当然他们也在笨拙地给大人们制造各种麻烦。如果父母在这个阶段过于保护孩子，任何东西和事情都不让孩子去尝试和接触，就会使孩子怀疑自己的能力；如果父母对孩子造成的各种麻烦表现出指责和不耐烦，孩子就会对自己的行为产生羞愧。如果父母通过积极鼓励的方式让孩子尝试新本领，就能培养孩子的自主意识。

重复操作的练习性游戏为儿童提供了一个"安全岛"，让他们在微观的世界里能够驾驭微观世界的游戏材料，从而获得一种自主性。例如，反复地给瓶子盖盖、把东西倒出来再装进去、把小的东西装在大的容器里等。这一系列练习各种感官的游戏在儿童生活中占据主要地位，帮助儿童在自己制定的内心法则范围内发展自主性，逐渐克服羞愧与疑虑。例如，一个2岁半的小女孩，用积木块反复地叠高、推倒，再叠高、再推倒。她刚开始只能把一块积木不规则地堆在另一块积木上，逐渐能堆两块、三块、四块，动作逐渐熟练，手眼不断协调。在重复的操作练习中，她渐渐把握了积木的特性，发展了自己的操作能力，建立了自信。

（3）第三阶段：主动性对内疚（3～6岁）

这一时期的儿童不再满足于简单的动作，他们开始投入各种游戏，在玩乐中表现出主动精神，比如在地上、墙上画画，拆除东西，模仿与创造，想象与提问。这些都在增加他们对世界的控制感。如果这种行为得到父母的鼓励，就可以强化孩子的主动性；而如果父母总是批评孩子，不让他们游戏，不允许他们提问，就会让孩子觉得自己做的都是让父母不开心的事，因而产生内疚感。

这一阶段的主要游戏形式是角色扮演游戏。在想象的角色扮演游戏中，学前儿童逐步发展起新的自我约束的形式，从而获得主动性的发展，并能主动制订计划，努力实现目标。象征性游戏在这一阶段起着重要作用，可以帮助儿童辨认想象与可能性之间的最初界限，辨认在文化环境中什么是最有效的，什么是被允许的。儿童正是在进行角色扮演游戏的过程中，进行模仿和学习的，并内化形成自己的人格特征。

弗洛伊德和埃里克森的观点是一脉相承的。埃里克森认为儿童的游戏阶段随着人格的发展而发展，每个阶段任务不同，在这个阶段如果发展好了，就会形成完美的人格，反之则形成相反的人格。因此，为了帮助儿童能够顺利度过人格发展的不同阶段，不同阶段游戏的形式应各不相同。0～1.5岁可以多和儿童玩亲子游戏，1.5～3岁可以多和儿童玩感知运动的练习性游戏，3～6岁可以让儿童多玩角色游戏。

可见，精神分析学派的游戏理论对儿童游戏的动机进行了深入的研究，强调游戏对儿童人格发展和心理健康的价值，唤起了人们对游戏在童年早期对儿童发展的作用的重视。这就启示幼儿园要多给儿童玩游戏的时间和空间，在不同的年龄阶段，要针对儿童不同的人格发展特点、游戏阶段特点，给儿童玩不同类型的游戏，以促进其人格的健康发展。但是，这些理论带有明显的临床诊断的色彩，缺乏代表性，强调了个体的生物性，忽略了个体的社会性。

二、认知发展学派的游戏理论

认知发展学派的代表人物为瑞士著名心理学家皮亚杰。他认为，很多游戏理论把游戏看作是一种孤立的机能或活动，导致不能正确地解释这种儿童期所特有的现象。因此，他把游戏放在儿童智力发展的背景中去考察，认为游戏是智力活动的一个方面。

（一）游戏的本质

皮亚杰用"同化"和"顺应"两个生物学概念，来说明有机体的生命活动及其行为。"同化"是个体把外界刺激所提供的信息整合到自己原有的认知结构中。"顺应"是当外部环境发生变化,原有的认知结构无法同化新环境所提供的信息时,所引起的认知结构的重组与改造。他指出,游戏的本质就是"同化"大于"顺应"。游戏是"同化""顺应"之间的不平衡。游戏时,儿童并不发展新的认知结构,而是努力使自己的经验适合于当前存在的结构。

(二)游戏的发展阶段

根据儿童认知发展阶段和儿童游戏行为,皮亚杰把儿童游戏分为三个发展阶段。

1.练习性游戏(0~2岁)

这是游戏的最初形式。此年龄段的儿童尚未真正掌握语言,其认知活动处于感知运动水平,即只是依靠感知和动作的协调活动来认识事物和解决问题。这时的游戏是为了获得机能性快乐而重复习得的活动,不包含任何象征性或特殊的游戏方法。这种游戏的驱力不是外在的,也不是内在的,游戏动作本身就是强力因素,"动"即快乐。

2.象征性游戏(2~7岁)

所谓象征,是一种符号系统。象征活动是指真实事物不在眼前时,用其他事物来代替,它是由"信号物"和"被信号化之物"构成的一种心理结构,即表征。在象征性游戏的表征结构中,"信号物"和"被信号化之物"之间的联合完全是主观的,它是个人的思维产物。象征性游戏又分为以下两个阶段:

(1)阶段一:象征性游戏顶峰阶段(2~4岁)

这一阶段的象征性游戏可分为三类,代表三种水平,即自我模仿和模仿他人,使物与物、人与人等同,象征性的组合。

(2)阶段二:由象征而接近现实的游戏(4~7岁)

这一阶段的象征性游戏有三个特点,即游戏情节相对较有秩序,比较连贯;不断提高对逼真性的要求;出现了集体的象征活动。

3.规则游戏(7~12岁)

在这一阶段,游戏逐渐失去了具体的象征性内容,进一步抽象化,规则在游戏中成为中心,儿童按照规则进行游戏。

以皮亚杰为代表的认知发展学派的观点，从儿童认知发展的角度来解释儿童的游戏，并且在此基础上划分出儿童游戏发展的不同阶段，主张儿童自由自发地参与各种活动，在与环境互动的过程中获得知识。因此，教师需要做的事情就是提供环境、观察、等待和回应，支持儿童主动与环境发生互动，建构自己的知识经验，较少关注儿童社会性及情绪情感等方面的发展。

三、社会文化历史学派的游戏理论

社会文化历史学派是苏联最大的一个心理学派别，主要成员有利维·维果斯基、列克谢·列昂节夫、丹尼尔·艾里康宁等，他们在阐述心理学思想时涉及儿童游戏的问题，以辩证唯物主义和历史唯物主义为基础，开创了与西方不同的游戏理论。

（一）游戏的社会起源

维果斯基从文化历史发展的角度探讨儿童的游戏问题，认为考察儿童的游戏活动，应该首先从考察儿童游戏活动的诱因与动机这一特殊的方向开始。儿童游戏出现的诱因是：当儿童在发展过程中出现大量的、超出儿童实际能力的、不能立即实现的愿望时，游戏就发生了。

他认为游戏是社会性实践活动，儿童看到周围成人的活动，就把它模仿迁移到游戏中，强调游戏的社会性情感诱因。儿童在游戏中产生的情感，源于他与成人的关系。

（二）游戏的教育作用

列昂节夫主要从活动的角度研究游戏及其心理学基础。他认为，当动机是活动过程本身的时候，这种活动就是我们平常所称的游戏。从某种程度上讲，游戏是学前儿童的主导活动。他指出，我们称为主导活动的不是儿童某一发展阶段最常见的一种普通活动，而是由于这种活动的发展与儿童心理发展最重要的变化有关系，而且那些准备使儿童过渡到新的、更高发展阶段的心理过程就是在这种活动里得到发展的。

维果斯基认为，游戏在儿童发展中起着巨大的作用，它创造了儿童的最近发展区。他认为，儿童有两种发展水平，一种是现有的发展水平，另一种是通过别人的帮助和自己的努力达到的水平。这两种水平之间存在差异，差异的消除就是"最近发展区"，游戏是在学前期促进认知发展的适应机制。在游戏中，儿童的表现总是超越他的一般年龄，超越他的每日行动，在游戏中儿童似乎比自己"高一个头"。另外，在游戏中，儿童心甘情愿地遵守社会规则，比较能够了解社会的模式形态与期望，并且努力表现出与之相符合的行为。因此，儿童游戏中蕴含着巨大的教育价值。

（三）角色游戏是典型活动

艾里康宁是苏联现代游戏理论的主要代表人物。他认为，角色游戏是学前儿童的典型游戏，是儿童最主要的游戏，也是较发达的一种游戏形式，研究儿童游戏应当以角色游戏为主要对象。因此，其理论被称为儿童角色游戏理论。

他认为，儿童的角色游戏是在一定的历史发展阶段，由于生产力的发展而引起儿童在社会生产劳动中的地位的变化所产生的结果。儿童的角色游戏不是个体自发出现的，而是由于社会的需要而出现的。成年人为了使未来的社会成员具有掌握任何工具所必需的一般能力，为儿童创造了练习一般能力的专门物品——玩具，并通过玩具教会儿童正确使用的方法。儿童也借玩具来模仿他们想参加又不能参加的生产和生活活动。

从个体的角度来看，角色游戏是由儿童与成人间关系的改变而导致的。角色游戏中的角色是在成人与儿童的协调活动中发生和发展起来的。儿童游戏是社会性的活动，游戏的内容是社会性的，游戏的主题来自儿童的生活。

可见，社会文化历史学派的游戏理论强调游戏并非仅仅是一种活动形式，而是学前儿童发展的源泉，是儿童社会化的工具。通过游戏，儿童可以掌握社会规则和文化习俗，了解角色、规则、关系、社交技能、适宜的行为方式、自身行动对他人产生的影响等内容。因此，该理论主张成人应该积极地与儿童互动，成人参与游戏可以提高儿童的能力和游戏水平。教师应当为儿童创设丰富的环境，积极参与儿童的游戏，敏锐地观察与捕捉儿童的需要和想法，并在合适的时机为儿童提供适宜的帮助。

第三章　学前儿童游戏的影响因素和环境规划

第一节　学前儿童游戏的影响因素

游戏是学前儿童主要的生活和学习方式。通过游戏，学前儿童得以获得身心的健康发展。科学指导学前儿童游戏是每一位教师和家长的责任，了解和掌握影响学前儿童游戏的因素对科学开展游戏指导具有重要的意义。

从性质上来看，影响学前儿童游戏的因素包括客观因素和主观因素两类。其中，客观因素主要是指物理环境因素和社会环境因素对学前儿童游戏的影响，主观因素主要是指学前儿童的年龄、性别、个性等个体因素对学前儿童游戏的影响。

一、物理环境因素对儿童游戏的影响

影响儿童游戏的物理环境因素主要包括游戏场地、游戏材料及游戏时间。

（一）游戏场地

游戏场地是儿童游戏必备的空间条件。游戏场地的空间密度、结构特征以及类型对儿童游戏都有显著影响。

1. 空间密度

空间密度是每个儿童在游戏环境中所占的空间大小，也就是室内拥挤程度的指标，数值越低表示空间越拥挤。空间密度会影响儿童游戏的社会性品质（人际互动的质量），表现在攻击性、侵犯性行为的发生频率及合作交往的频率，体现了游戏的社会性层次的提高或降低。另外，空间大小也会影响游戏的质量，如在角色游戏中，如果空间狭小，"医院"只能有门诊，没有病床，或者看病的、挂号的、打针的都挤在一起，"病人""医生"都草草了事，结果是"医院"里嘈杂一片。这样，尽管主题确定了，但情节不能展开，人物关系也就无从发生，角色游戏就只有形式而无甚内容可谈了。

空间密度可以用以下公式来计算：

$$空间密度 = \frac{房间大小 - 不可用的空间大小}{儿童的人数}$$

研究发现，空间越拥挤，粗大动作的游戏行为就越少。游戏空间从人均7.0平方米降到2.3平方米的时候，对儿童的社会性行为会产生影响，这时候交往合作的频率增加，但继续降到人均1.4平方米的时候，攻击性行为明显增多，团体游戏减少。可见，较大的空间可增加运动的想象性游戏和打闹嬉戏的发生频率，较小的空间则能产生较多安静的社会性游戏和结构游戏。空间不能太大以致无人际互动，空间也不能太小以致多身体攻击。

一般来说，人均2.3平方米是比较适合儿童游戏的空间密度。我们可以根据游戏品质、学前儿童的游戏行为判断空间的拥挤程度，估计出对儿童游戏行为产生正面影响的有效空间，并适当调整空间密度。当儿童发生太多奔跑、走动以及粗野游戏，较少进行人际合作互动时，则意味着空间太大，可用家具区隔空间或增加设备；如果儿童出现过多身体接触，干扰同伴，缺少大动作游戏，则意味着过于拥挤，可在较少的空间内适当调整，增加攀爬设备和两层空间。

2. 空间结构

游戏活动空间的安排通常分为开放式和区隔式。这两种空间的安排对儿童的游戏有着不同的影响。研究表明，将大型开放区分隔成小型区域，儿童的游戏品质会提高，即降低粗野行为，增加合作行为。

具体而言，室内游戏区角的布置一般遵循"动与动结合，静与静结合，便于取材"的原则。例如，图书区可与科学探索区安排在相邻的两个区角，"娃娃家"可与表演区相邻，建构区往往需要较宽敞的空间，以便学前儿童进行地面的群体游戏，并且为了降低噪声，要在地面铺上软垫。建构区的作品往往能够激发学前儿童角色扮演的兴趣，因此可与"娃娃家"及表演游戏区相邻。区域之间的过道要宽敞清晰，以便学前儿童能够分清楚各个游戏区域，从而保证学前儿童积极参与各活动区的活动并有适当流动。

在不同性质的游戏活动区域中，儿童的游戏会表现出不同层次的社会性水平。例如，美工区和图书区多为平行游戏，益智区多为独自游戏，主题装扮区和大型建构区多为合作游戏。

开放式空间便于儿童开展集体性规则游戏、平行游戏和大动作游戏；区隔式空间根据游戏活动的不同类别进行调整，便于儿童开展合作性游戏，以及通过操作进行的探索性游戏。区隔式空间还会使学前儿童游戏的空间密度和社会密度处在变化中。所以，科学安排游戏场地，对儿童游戏的开展质量有重要影响。

3.户外游戏场地的类型

户外游戏场地与室内游戏空间引发的游戏是不同的，户外多玩运动性和想象性游戏，室内多玩想象性和结构游戏。研究表明，年长儿童在室外游戏的时间多于年幼儿童，他们更喜欢室外游戏；而且男孩比女孩更喜欢室外游戏，他们在室外游戏的时间多于女孩，在室外进行的想象游戏也显著多于女孩。

从结构特征上来看，游戏场地可以分为传统的游戏场地、创造性的游戏场地和冒险性的游戏场地。

在传统的游戏场地里，安放着一些固定的、常见的设备或器械，如滑梯、秋千、跷跷板等，每种设备只有一种玩法，各种器械之间缺少有机的、可供儿童想象的联系。这种游戏场地多引发儿童的机能性游戏，可增强儿童的运动能力。但其缺点包括：①不利于发展儿童的想象力，多满足的是机能性的快乐；②设施的游戏方法有限，容易枯燥乏味，玩腻后不再使用；③容易发生安全问题。据估计，运动创伤大多出现在传统的游戏场地，坚硬的地面和铁制器械容易给儿童造成创伤。

在创造性的游戏场地里，有各种各样的、可移动的设备和器械，每种设备和器械的用途都是多样的，儿童可以根据自己的想象和爱好来使用它们。创造性的游戏场地区别于传统的游戏场地的表现在于：第一，它创造了多功能组合性的运动设施，把各种单一功能的运动器械组合成一个整体，使之产生有机联系。如铁制器械改为木制、塑料制、玻璃钢制，既减少了危险，还激发了儿童的想象力。第二，它安放了可移动的设施和器械，形式多样，每种设备有多种用途，如沙箱、三轮车、可移动的轮胎、可移动的平衡木等，儿童可根据自己的想象来使用它们，引发的多为想象性游戏。第三，它开辟了自然区域，如池塘里的游鱼和蝌蚪、百草园里的杂草和野花、种植角和动物角的自然生物等。

冒险性的游戏场地是利用各种自然环境和各种废弃物规划的游戏场地，除了储藏室以及储物架外，各种设施都是临时的。在这里，儿童用各种木材、绳索、轮胎、板条、树棍、砖块等工具自己建筑，从而进行各种创造性游戏。在这些游戏中他们可以不断地拆掉重建，如建构房屋，建灶野炊等，这样可以培养儿童的责任心、坚韧性、独立性等，也可以提高其自我保护的意识和技巧。

（二）游戏材料

游戏材料是儿童游戏所用玩具和物品的总称。材料是游戏的物质支柱，是儿童游戏的工具。如果离开了游戏材料，儿童的游戏就难以进行。游戏材料可以激发儿童的游戏动机、游戏构思，引起儿童的联想和行动。

1.游戏材料的种类

材料的种类对儿童游戏的具体选择有着某种定向的功能。有的材料更多引发非社会性游戏，有的材料更多引发结构建造游戏，有的材料更多引发想象性游戏。因此，游戏材料的提供，某种意义上对儿童起着暗示的作用。

游戏材料常见的有这样几种分类：第一，按照年龄标准分类。这种分类是根据儿童的动作发展、认知发展的年龄差异，在不同年龄段上的兴趣以及所能操作的游戏材料进行的。这种分类成了家长和教师为不同年龄阶段儿童提供游戏材料的依据。但是这种分类过于绝对化，容易忽视儿童的个别差异。第二，根据玩具的物理功能分类。这种分类主要依据玩具的主要特征和可能实现的教育功能，把玩具分成水中玩具、结构玩具、"娃娃家"玩具等。根据这种分类为儿童提供玩具，可实现系统的教育目标。但是这种分类可能会忽略儿童对玩具使用功能的想象潜能。第三，根据肌肉运动模式分类。这是依据能促进儿童动作发展的设备和材料，把玩具分成促进大肌肉群运动能力的器械和促进小肌肉群操作能力的材料。这种分类法有助于手眼动作协调的发展，但是容易忽略儿童的想象力。

总之，玩具与儿童的发展一方面受年龄、性别、种类等因素制约，同时又不完全受此制约。在儿童玩的过程中，要让儿童根据自己的需要自行选择，而不能绝对地将玩具材料依成人的想象提供给儿童。

2.游戏材料的数量以及材料之间的搭配

从数量上看，同一种游戏材料数量较少时，在年幼儿童那里容易引起纠纷；当游戏材料数量增加时，儿童之间平行的机能性游戏增加，社会交往下降，攻击性行为下降。同一种游戏材料数量较少时，在年长儿童那里则易引发社会性的装扮游戏，因为游戏同伴可以通过各种交往，共同作用于这个玩具；当游戏材料数量增多时，年长儿童则会改变游戏合作的方式，成为团体性的游戏。物品数量的充足与否和物品使用的形式及种类影响着游戏情节的发展。比如，儿童先用积塑装插玩具电视机、玩具照相机，于是一家人就可以看电视、去拍照。游戏的内容随物品的变化而显得多姿多彩了。物品在角色游戏中的作用既可以是模拟品，也可以是代用品。

游戏材料的多样化可促进儿童发散性思维的发展。不同种类和数量的游戏材料摆放在一起，会影响儿童游戏的主题和性质。游戏材料和儿童的年龄之间存在交叉关系，较小儿童在游戏时需要的同类游戏材料多一些，较大儿童在游戏时需要的不同类游戏材料多一些。从种类搭配上看，游戏材料也有定向作用。例如，一套无结构材料中有无小人形象，对这套结构材料的玩法会有较大影响。不加小人，进行的就是建构游戏，加上小人进行的可能就是装扮游戏。这是因为当游戏材料进行不同种类的搭配后，儿童便构成了新的知觉定势。因此，儿童在游戏时对其游戏材料进行多种组合，给他们创造出了更多的知觉趋向，也获得了更多的游戏经验。

3.游戏材料的特征

游戏材料的特征与儿童的游戏行为有密切关系。游戏材料具有象征性，可替代生活中的人与事物。材料特征的不同（模拟物和多功能物）将引发不同水平的游戏经验。

研究证明，活动方法限制越少的玩具，越有助于儿童想象力的发展。根据儿童对材料操作方法的不同，可以将材料分成辅合型和发散型。辅合型材料的活动方法大多有限制，往往只有一种玩法、一个结果，如拼图、形象模拟玩具等。发散型材料往往有不同操作方法、多种玩法，并且会产生多个结果，如积木等。辅合型游戏材料用法单一，功能固定，暗示了儿童在游戏情境中的使用方法，只能引发儿童的一种行为，学前儿童游戏情节的发展就会受到限制。而发散型的游戏材料没有固定的形象特征，儿童可以根据自己对物体的感知分析，对它们的多种特征进行取舍，按照自己的想象创造出游戏的多种玩法，有利于学前儿童通过探索接受丰富的感官刺激，利用不同的材料去替代和想象，以符合自己的游戏意愿。这两种材料不仅对游戏本身有不同的影响，对儿童的智力发展也各有侧重，后者在儿童与材料的互动中可以促进儿童发散性思维的发展。

4.儿童对游戏材料的熟悉程度

当游戏材料对儿童来说完全陌生或比较复杂时，可引发儿童的探究性行为；当游戏材料对儿童来说是中等熟悉或中等复杂程度时，可引发儿童的象征性游戏和联系性游戏。

5.游戏材料的位置及可见性

放在中央位置的游戏材料使用率较高,并容易引起儿童彼此相互作用的游戏。游戏材料的可见性也会对儿童使用游戏材料发生影响。如果视线被柜子或其他物品阻隔,看不到游戏材料,儿童就不知道有哪些材料可以使用。儿童越能直接看到游戏材料,就会越多地去使用游戏材料。

(三)游戏时间

充足的游戏时间是儿童游戏的保障,游戏时间的多少直接影响游戏的数量和质量。如果游戏的时间较短,学前儿童尚未掌握游戏的技巧,或仍未了解玩具的特征便要停止的话,会妨碍学前儿童愿望的实现,学前儿童不能感受到游戏的乐趣,这也降低了游戏的发展价值。

儿童游戏时间的长短不同,所开展的游戏类别就会不同。我国研究者比较了4~5岁的儿童在相同情景下长时间游戏(30分钟)和短时间游戏(15分钟)的表现,发现在长时间的游戏中,儿童更多地表现为积木游戏、小组表演游戏等;在短时间的游戏中,儿童更多地表现为闲散行为、旁观行为、过渡性行为及一些实物游戏和模仿游戏。此类研究表明,时间充分有利于儿童进行较高社会性水平和认识水平的游戏。时间充分,儿童就能从容地选择游戏伙伴,商讨必要的合作角色,增加小组表演游戏的发生频率。时间充分,儿童可以从事更具有创造性的游戏,也能使儿童产生更多积极的游戏情绪。儿童开展自发性游戏一般不低于30分钟。如果游戏时间过短,儿童往往刚开始进入角色就不得不停止,长此以往,他们就会放弃较复杂的游戏而只玩一些简单的游戏。所以,教育者一定要保证儿童每天有足够的时间自由自在地玩各种游戏,不能用其他活动挤占游戏的时间。

《3~6岁儿童学习与发展指南》《幼儿园教育指导纲要(试行)》(教基〔2001〕20号)都明确规定了儿童每日活动和游戏的时间,全日幼儿园每日不少于2个小时,寄宿幼儿园每日不少于3个小时,首先要保证至少有1个小时的自由户外体育活动。但儿童的户外游戏时间受季节的影响。夏季活动时间明显多于冬季;温度在15摄氏度以上,儿童需增加户外活动时间。儿童在户外的活动率,冬季为33%,春秋为48%,夏季可达90%。

总之,物理环境因素对儿童游戏行为有着重要的影响。它相对于其他因素对儿童游戏的影响而言,是易于调控和支配的,因此教育者可以有针对性、有目的性地改变和控制儿童游戏的物理环境因素,来引导学前儿童更好地进行游戏活动,促进他们健康全面地发展。

二、社会环境因素对儿童游戏的影响

物理环境因素构成了游戏的物的要素或条件，而社会环境因素则构成了儿童游戏的人的要素或条件。影响儿童游戏的社会环境因素主要包括家庭中父母亲的教养方式、家庭成员的相互关系、儿童的伙伴、幼儿园课程、教师与学前儿童的关系、大众传媒等。

（一）家庭的影响

1. 亲子关系

婴幼儿大概在6～18个月时产生最早的亲子依恋，亲子依恋对学前儿童的性格、社会性及游戏行为均有影响。

良好的亲子关系为学前儿童的游戏提供了安全感和强化作用。安全感的获得帮助学前儿童在游戏时更加大胆地尝试与探索。值得一提的是，父亲同母亲相比，与学前儿童共同游戏时，常鼓励学前儿童大胆尝试，游戏中冒险的成分较多，对学前儿童好奇心、探索与勇气的培养意义更大。且常同父亲相处，学前儿童从父亲那里获得的男性形象对成年后的人格形成具有较大的意义。

2. 家庭结构

这里主要从家庭结构完整与否的角度来探讨不同家庭结构对学前儿童游戏行为的影响。研究表明，完整的家庭结构和家庭成员间的和谐关系所营造的氛围使得学前儿童的家庭行为更加充满安全感与自信感，从而在游戏中探索与勇于尝试的成分更高。来自完整家庭的学前儿童比单亲家庭的学前儿童开展象征性游戏的能力更强，他们更倾向于以物代物，游戏的内容也更加丰富。

3. 家庭氛围

即使是完整的家庭结构，家庭成员间的关系也会对学前儿童的游戏行为产生影响。家庭成员间和睦的关系为学前儿童游戏营造了安全、温馨的氛围，学前儿童的游戏发展水平的就会更高；而家庭氛围不和谐，父母缺乏对学前儿童的关心，就会导致学前儿童缺乏信任感和安全感，进而影响学前儿童的游戏水平。研究表明，在和睦的家庭氛围中成长的学前儿童社会性发展水平更高，象征性游戏的发展水平也更高。

4.育儿态度

研究表明，育儿态度主要是从游戏的品质、游戏的偏好及游戏的风格等方面对学前儿童的游戏产生影响。育儿态度一般分为四种类型。

敏感型：其特点是家长对学前儿童过度保护，导致学前儿童在游戏中缺乏主见，好模仿，游戏中往往独创性不足。

放任型：其特点是家长对学前儿童漠不关心，放任自流，导致学前儿童在游戏中自主性强，但合作性差，往往缺乏良好的人际交往技巧，而在与他人共同游戏中容易发生摩擦。

专制型：其特点是家长对学前儿童的要求往往十分严格，导致学前儿童在游戏时缺乏自信，更倾向于独自游戏。

民主型：其特点是家长与学前儿童关系融洽，家庭相处中更愿意倾听与尊重学前儿童的意见，使得学前儿童在游戏时更倾向于开展社会性较强的游戏。

（二）伙伴关系的影响

儿童与儿童所结成的伙伴关系，构成儿童世界的人际关系，是影响儿童心理发展的一个重要的社会性因素。在游戏过程中，儿童之间的行为相互作用、相互影响。儿童有无伙伴、伙伴的熟悉程度、伙伴的年龄及伙伴的性别等因素，都会对游戏产生影响。

1.有无伙伴

儿童在有伙伴在场的情况下，游戏时思维更加活跃，想象更加丰富，能够更多地以"假装的"方式使用物体，而且能更多地发现物体的性质。儿童在和伙伴共同游戏时，能够相互模仿，共同分享活动的快乐，这使得儿童过去已经掌握的操作物体的技能，变得更加熟练和有目的性，并且在更加复杂的水平上整合起来，以提高游戏的水平。据观察，一个学前儿童在积木区域活动时，倾向于玩独自的建构游戏或无游戏行为，而当有同伴的时候，才有更多的游戏行为，特别是有合作的社会性游戏行为，有较多的假装动作，且伙伴越多，社会性游戏发生的频率也越高。

2.伙伴的熟悉程度

伙伴的熟悉程度对游戏的发生和类型有一定的影响。

在对3~4岁儿童与熟悉的和陌生的伙伴在一起时的游戏情形进行比较观察可以发

现，相比于与陌生的伙伴一起游戏，儿童与熟悉的伙伴一起游戏时更倾向于合作、分享，而不是旁观和独自游戏，且象征性游戏的发生频率和时间均显著较高。我国研究人员发现，把互不相识的幼儿园大、中、小班的学前儿童按一定比例混合起来，最初，他们交往频率较低，但是经过两个月的接触（每天下午1个小时左右），交往频率显著增高，而且小班学前儿童的小组游戏明显增加，中班的独自游戏和平行游戏明显减少。可见，伙伴的熟悉与否会影响儿童游戏的状态和过程。

3.伙伴的年龄

不同年龄的儿童在一起游戏，可以促进儿童的合作、分享与谦让等良好品质的形成与发展。不同年龄的儿童在一起，年长的儿童可以更好地表现自己的游戏经验和技能，构思游戏的主题和情节，培养组织能力，锻炼社交技能，形成责任感，学会关心他人；年幼的儿童在与年长儿童的合作游戏中获得了开展游戏的经验，学会了与人相处、交往的技能，形成了依恋、友好的情感。儿童与同龄伙伴在一起游戏，由于身心发展水平接近，沟通和交流更加顺畅，在游戏时更易达成一致。儿童一般喜欢与同龄、较熟悉的同伴在一起玩游戏，而不愿与比自己年幼、不熟悉的儿童一起玩戏剧性游戏。儿童与比自己年长的儿童一起游戏的社交经验，能促进其社交技能和水平的提高，同时能提高游戏的质量。

4.伙伴的性别

儿童更倾向于和同性别的伙伴一起游戏。同性别的儿童一起游戏时，会更多地对新颖的物体进行探究，游戏持续的时间相对要长一些。观察发现，同性别伙伴一起游戏时，较多地玩与自己性别相符的玩具和游戏，并更多地使用熟悉的物体。当异性伙伴一起游戏时，较多出现与自己性别不符的游戏。但同性多于异性时，倾向于同性的游戏。可见，异性同伴游戏有助于性别角色的互补，促进性别角色社会化。

（三）媒体的影响

当今社会是一个信息社会，印刷、广播、电视、电脑、手机等媒体对儿童生活的影响力正在日益增加。儿童可以通过绘本故事，获得直接的娱乐体验和各种知识信息。但儿童读物的兴旺，使儿童更早、更多地接触图书，进而常常独处，与同伴交往和直接地进行人际沟通的可能性也减少了。广播通过听觉传递了大量的信息给儿童，这对尚不识字的学前儿童来说更为适宜。然而对广播录音的依赖，多少制约了儿童书面阅读的动力，同时由于多了一种媒体，人际沟通的时间又减少了一部分，从而真实世界的体验也减少了许多。

电视已经成为当代社会儿童生活的一个重要内容。儿童头脑中的许多信息来源于电视，同时电视中的许多内容也不可避免地成为儿童游戏内容的来源。例如，看了《西游记》，很多男孩就学孙悟空或者妖怪的样子舞拳弄棒。电视对儿童游戏的影响，主要取决于两个方面：一是节目内容是否健康，是否适合于儿童的心理特点及发展水平；二是儿童每天看电视的时间长短是否适宜。

内容不健康、不适合儿童观看的电视节目，会对儿童的游戏产生不利影响。而那些内容健康的、适合儿童观看的电视节目会对儿童产生积极的影响。儿童如果每天观看电视节目的时间过多、过长，无论什么样的电视内容都会影响到儿童的身心发展和游戏水平的发展。长时间地看电视会让他们的身体和大脑神经都感到疲倦，这不仅会影响儿童的身体健康，也会削弱儿童活动的积极性、主动性，对儿童产生不利影响。另外，研究表明，长时间看电视会妨碍或干扰运用表象进行思维的能力的发展，并会助长一种消极、被动、依从的态度和习惯。在实际生活中，儿童长时间沉溺于电视就会出现头晕、无力、厌食、恶心、郁闷等症状，表明了长时间看电视会给儿童身心带来巨大危害。法国心理学家马塞尔·吕福在对数百名6～11岁的儿童进行关于儿童与电视的调查后认为：儿童每天看电视的时间不宜超过30分钟，否则将导致记忆力的减退、注意力的分散。

与电视相比，通过电脑、手机等移动设备介入的游戏娱乐体验感更强，参与的主动性也增加了，因此电子游戏对人的吸引力足以与传统游戏抗衡。儿童通过电脑、手机等移动设备获得广泛的信息，大大加速了知识的获取速度。但是由于电子游戏的种类越来越多，儿童越来越沉溺于虚拟世界，大大减少了其在真实世界里的人际互动和真情实感，结果造成儿童在虚拟世界里拥有主动权，却在真实的世界里无所适从。

可见，媒体在教育过程中扮演了重要的角色，使儿童在生动、形象的娱乐过程中发展心智。但是它也带来了一些负面影响，如何利用并让其发挥最佳效果一直是值得思考的问题。

（四）课程方案的影响

不同的学前教育课程会对学前儿童的游戏产生不同的影响。幼儿园的课程模式多种多样，按照其结构严密性或松散性的程度，可划分为有着不同倾向的两类课程，一类是高结构（或较高结构）的课程，另外一类是低结构（或较低结构）的课程。高结构的课程强调教师对于儿童活动的组织与领导，提倡接受学习方式和复合型思维训练，注重知识内容的学习和认知技能的获得。低结构的课程强调儿童活动的自发性和自主性，以儿童为中心，鼓励发散型思维的训练，注重儿童社会性及情感的价值和发展。高结构的课程有抑制学前儿童游戏数量、水平的倾向。在高结构的课程方案中，建构性或有目的性的游戏更为常见；在低结构的课程方案中，象征性游戏和合作的自然游戏更为常见。因为前者要求儿童的是模仿，是接受，是复合思维，因此儿童得到了更多集中思维的训练，有了驾驭物体的能力。后者则鼓励的是活动，是发现，是发散思维，因此儿童获得了更多自由活动的机会，有了充分想象的余地。因而，要使儿童获得完善发展，就必须让二者互补。

三、个体因素对儿童游戏的影响

有时候在同样的游戏背景中，不同的游戏个体会演绎出丰富多彩的游戏剧本。研究和观察表明，儿童的主观因素会影响其游戏。儿童的年龄、性别、个性、健康和情绪不同，使得他们的游戏具有自己独特的风格。

（一）年龄差异

年龄特征反映了儿童身心发展的水平，从而也会影响儿童的游戏水平。因体能、认知、语言、思维、社会性、理解力等处于不同的发展阶段，儿童游戏的内容和方式也会随着其成长而有所变化。从练习性游戏、象征游戏到规则游戏，从单独游戏到合作游戏，从单一的游戏内容到丰富的游戏内容，无不体现着儿童年龄的增长、经验的丰富、能力的发展等对儿童游戏水平和内容的影响。

（二）性别差异

不同性别的儿童在游戏中表现出不同的特点和发展倾向，这种倾向是普遍存在的跨文化现象，在亚洲、欧洲等都发现了这种性别偏向。生理差异固然是造成这种性别偏向的原因之一，但社会角色期待和对社会角色的模仿才是主要原因。父母的教养方式、对待不同性别儿童的教育态度，都会影响儿童的性别角色的形成。这种性别角色在游戏中也有所体现。

性别差异对儿童游戏的影响主要表现在对游戏同伴、玩具和材料、游戏类型和主题以及扮演角色等方面的不同偏好上。

学前阶段，儿童倾向于选择同性伙伴，在游戏中儿童对同性伙伴做出的社会性行为也显著多于异性伙伴，而且年龄越大，这种差异越明显。

年长儿童比年幼儿童更少玩与性别不相适宜的玩具。在玩具的选择上，儿童大概在2岁表现出对性别化玩具的偏爱，如女孩喜欢选择柔软的小动物玩具以及厨房玩具等，而男孩则喜欢选择交通玩具、枪炮玩具等。

（三）个性差异

儿童的个性以及情感、社会性等心理特征所表现出来的相对稳定的不同的倾向性，如想象力、幽默感、情绪表现、交往技能、对新异事物的探求等人格特征的不同，使得儿童对游戏的风格表现出了不同兴趣。主要有以下几个方面：

第一，儿童对游戏的喜好程度有所不同，即爱玩和不爱玩，通俗地讲即是否顽皮。男孩表现得较顽皮，但即使是男孩或女孩本身，也有程度上的差异。顽皮的儿童主要表现在对游戏的兴趣上，他们兴趣广泛，多玩运动性、想象性游戏，喜欢装扮，思维发散，交往频繁，并且语言也更多。不太爱玩的儿童一般被认为比较文静，语言不多，游戏中更喜欢作用于物体。研究发现，顽皮的儿童到了成年，便显得精力充沛，善于交往且好客，爱开玩笑，并且机智幽默等。

第二，儿童的游戏风格表现在偏好想象者和偏好形式者。偏好想象者对人与人之间的关系和人的活动更感兴趣，情感性强，他们的游戏着重反映人们的日常生活活动，情景性较强，往往表现为角色扮演与想象。偏好形式者对于周围的实物世界表现出浓厚的兴趣，倾向于探究游戏材料的性质，把游戏材料组合成某种形式或结构，或者按照某种关系对它们进行分类排序，其游戏往往表现为独自摆弄物体的活动。

第三，儿童的游戏风格还表现在爱探索和不爱探索。儿童的好奇心和探究欲也有很大差异，这种差异明显地表现在儿童的游戏中。儿童可以分为三种类型：一种是无探索精神者，他们只看，但不探究；一种是探究者，他们只探究，但不玩；一种是创造性探究者，他们不仅探究，而且用各种具有想象力的办法使用玩具。

（四）健康和情绪

患有疾病，如哮喘、心脏病等的儿童，不宜进行一些活动量大的游戏。生病的儿童有的表现出对游戏不感兴趣，或选择一些静态的、活动量小的游戏，有的会选择做旁观者。另外，儿童有时由于其他原因感到疲惫，在游戏中表现得无精打采。可以说，儿童在游戏时的表现，很可能就是他们当天身体状况和情绪的反映，所以儿童的健康和情绪会影响他们在游戏中的表现。

总之，儿童的年龄、性别、个性、健康和情绪等构成了影响学前儿童游戏的个体因素。这些主观因素与物理环境因素、社会环境因素相互制约、共同作用，使儿童游戏不仅仅是带有共性的活动现象，也是一种带有差异性的个体行为。

第二节 学前儿童游戏的环境规划

一、游戏环境规划的意义

从某种意义上说，学前儿童的各种能力是在游戏中获得的。但要高质量地开展游戏，使学前儿童的创造力、思维能力、语言表达能力、合作能力等各方面在游戏中得到全面的锻炼和提高，教师必须为学前儿童创造适宜他们自主活动和自我表现的游戏环境。

（一）游戏环境规划概述

游戏环境是指为儿童的游戏活动所提供的条件，包括物质环境和精神环境。物质环境是指对儿童游戏发生影响的各种物质条件的总和，包括园舍建筑、园内装饰、场所布置、设备条件、物理空间的设计与利用及各种材料的选择与搭配等。精神环境是指对儿童发展产生影响的一切精神因素的总和，主要包括教师的教育观念、人际关系、游戏氛围等。

游戏环境规划是教师对学前儿童游戏进行的整体、系统的规划，包括对游戏环境基本条件（硬件与软件）、空间规划以及区域内材料提供等方面从宏观到微观的长远思考。

（二）游戏环境规划的作用

目前，环境对学前儿童的影响已经被广大教师认同和接受，所以环境作为隐性课程已经被纳入幼儿园课程范围。良好的环境可以给予学前儿童适宜的刺激，引导学前儿童健康发展，反之则会阻碍学前儿童的发展。

在大家所熟悉的蒙台梭利教育理论中，环境是其反复强调的核心要素，作为教师要了解儿童心智的吸收性特质，为他们准备一个特别的环境，然后让儿童身处其中，给予他们自由，让他们吸收在那儿所发现的一切。注意儿童所处环境是教师的重要职责。虽然其影响是间接的，但是如果教师不做好这项工作，儿童的身体、智力或精神方面就无法得到良好的发展。因此，游戏环境规划是儿童游戏得以展开的重要保障，主要表现在以下几个方面：

1.规划游戏环境可以提高教育的有效性

学前儿童的发展是在与环境的相互作用中实现的。教师可以将教育目标蕴藏在环境中，让环境去说话、去告诉学前儿童应该怎么做。创设有目的的环境可以更好地促进学前儿童发展，提高教育的有效性。比如，要培养学前儿童关心他人、热爱集体的情感，激励学前儿童良好行为的形成，促使其产生积极的情感体验，可以为其提供一个安全、温馨的心理环境。教师还可以通过绿化、装饰等美化环境的方法来培养学前儿童感受美、表现美、创造美的情趣和能力，增进其对环境的了解。

2.规划游戏环境可以满足学前儿童需要，促进学前儿童发展

满足学前儿童爱游戏的天性，可以促进学前儿童与环境的良好互动，使其健康发展。

第一，学前儿童有探索的需要。认识和探索环境是人类的本能，学前儿童从出生起就不断地主动与周围世界相互作用，积极地探索着。好的游戏环境规划充分考虑了活动的空间和时间，因此能刺激和满足学前儿童的好奇心和探索欲望，使学前儿童能自由地展开想象的翅膀去创造，从而促进学前儿童自主性和创造性的发展。

第二，学前儿童有游戏的需要。这是其生命意义的展现，也是其机体和心灵发展的需要。学前儿童在游戏中成长。缺乏刺激性、新异性的环境会剥夺学前儿童感官的辨别力，削弱学前儿童思维的积极性，降低学前儿童观察事物的细节和微小差异的能力。规划游戏环境可以为学前儿童提供可操作、探索的材料，使学前儿童能按照自己的意愿通过自己的实践活动去探索、尝试，寻求解决问题的方法，在积极有效的互动活动中得到身体、智能、社会性、情感等方面的和谐发展。

3.规划游戏环境能促进教师自身成长

游戏环境的规划绝对不是教师单方面的工作计划,也不是教条机械地重复日常生活的工作。无论是通过各种活动与学前儿童共同营造人际氛围的过程,还是与学前儿童共同创设物质环境的过程,都蕴含着教师教育观、儿童观的不断转变和更新。同时,在规划游戏环境的过程中教师的实践能力也得到了锻炼。

二、学前儿童游戏环境的规划原则

(一)安全性原则

学前儿童的年龄决定了其活泼爱动的特点,但是其器官的稚嫩、动作发育的不完善和危险意识的欠缺,会导致各种意外事故的发生,使其受到伤害。所以,幼儿园游戏环境规划首先要考虑的就是安全问题。幼儿园要积极主动地消除环境中可能存在的不安全因素,尽可能把游戏过程中学前儿童可能受到的伤害降到最低。具体包括:各种游戏器械设备的定期检修;园舍地面的软化处理;玩具材料选择无毒无害的;避免各种环境和设备材料的尖棱利角;尽可能扩大活动空间,避免学前儿童相互之间的冲突和碰撞等。例如,电线、开关、插座、消毒液等应放在学前儿童伸手不可及的地方。此外,游戏材料也要安全,避免在操作过程中伤害到学前儿童。例如,在"钓鱼"游戏中,如果为学前儿童准备的鱼竿是用芦柴秆、玉米秆做的,教师就要在制作鱼竿的过程中,将芦柴秆或玉米秆切断的一面用胶带封住,防止学前儿童在上面摸来摸去,扎到或刺到手指。

(二)适宜性原则

适宜性原则是指游戏环境要符合学前儿童的年龄特征及身心发展的需要,促进每个学前儿童全面和谐发展。

蒙台梭利认为:生活环境中的设施及用具,应与儿童的身体高低和力量大小成比例。比如,家具应轻便,易搬动;食品柜要低到儿童能用手臂够得着;锁是易于使用的;给柜子带上小的脚轮;门要轻便且易于开关等。在这样的环境中,儿童可以在没有丝毫疲劳感的状态下逐步完善其动作的协调性,并学会人所特有的优雅与灵巧。

从一般年龄特征来看，大、中、小班学前儿童在身心发展特点上的差异是非常明显的，因此幼儿园环境创设应与学前儿童身心发展的特点和发展需要相适宜，满足学前儿童不同层次发展的需要。小班学前儿童喜欢生动有趣、色彩鲜艳的环境，因此环境要具有结构简单、色彩鲜艳、富有感官刺激等特点。中大班学前儿童的认知水平在逐渐提高，喜欢学习、探索，因此环境中可以增加一些知识性的成分，在小班的基础上突出操作性。大班的环境要突出探索性和实验材料的丰富性。从个性的角度来看，每个学前儿童在兴趣、能力、学习方式等方面都存在差异。这就要求教师在设计环境时，尊重学前儿童的个性差异，考虑学前儿童的不同需要。

（三）丰富性原则

第一，游戏环境的多样化。游戏环境的规划应该综合考虑学前儿童的活动需要和课程开展的需要，尤其是学前儿童多样性游戏玩耍的需要。学前儿童不仅需要大肢体运动游戏，也需要社会性交往游戏、表演游戏、感官游戏、益智游戏、建构游戏等，所以游戏环境无论是室内还是室外都应该尽可能丰富多样、并富有变化。这样，既有利于教师组织各种教育活动和游戏活动，也有利于学前儿童自发地开展各种各样的探索活动和游戏活动；既有利于集体游戏活动，也有利于小组和个别游戏活动；既有开放性游戏空间，也有半开放和相对封闭的游戏空间，满足学前儿童的个体需要。

第二，玩具材料的多样化。对于小孩子来讲，玩具和材料是最有诱惑力的东西，能满足其好奇、爱玩、探索的心理需求。所以，无论是室内还是室外，教师在进行游戏环境规划时都应该尽可能提供充足的玩具和材料，并不断随学前儿童的发展进行调整和补充。一般来讲，户外游戏以运动类和探索类游戏为主，所以应该多投放此类玩具和材料；而室内游戏以社会交往、认知、操作类游戏为主，所以玩具和材料的投放与户外不同。学前儿童年龄不同，对于玩具和材料的要求也不一样，投放时应具有针对性。

（四）经济性原则

经济性原则是指创设游戏环境应考虑不同地区、不同条件园所的实际情况，做到因地制宜。

在游戏环境规划过程中，教师可以有效利用现场的自然景观，如山坡、绿地、树林、溪流和当地自然植被特点、气候特点及地质特点，创设原生态的户外活动场地。

教师还可以巧妙利用废旧材料制作玩具、教具，装饰游戏环境。有的教师会将儿童用过的吸管洗干净后利用起来。比如，用吸管进行点数游戏；将吸管剪成长短不一的小段，进行贴画，贴出花、太阳、小动物等；将粗细不同的吸管重叠起来，变成孙悟空的金箍棒；将吸管剪成一小段一小段，染上颜色，再用绳子将它们串起来，变成美丽的手镯、项链等。

（五）可变性、新颖性原则

游戏环境不是一成不变的，教师应该根据学前儿童游戏的发展需要，及时更新环境，使游戏环境与学前儿童游戏始终保持动态平衡。教师可以通过提供不同的游戏材料，使建构的游戏环境具有可变性、新颖性，不断地吸引学前儿童，引起学前儿童的兴趣。例如，在布置"娃娃家"游戏角时，教师提供了娃娃、奶瓶、婴儿床等材料，每一个学前儿童进来，都是重复抱抱娃娃、给娃娃喂奶，哄娃娃睡觉的动作。通过一段时间的观察，教师发现光顾"娃娃家"的学前儿童越来越少，甚至到了无人问津的地步，于是教师在"娃娃家"投放了做饭用的"灶具"，"娃娃家"立马又热闹了起来。

（六）启发性原则

教师为学前儿童创设的游戏环境、提供的材料应能激发学前儿童的好奇心、求知欲，启发学前儿童的想象力、创造力，引导学前儿童去发现问题、解决问题，而且要能使学前儿童学会如何去学习、如何去主动探求知识。

三、户外游戏环境的规划

户外环境是构成幼儿园课程发展体系所必需的组成部分，是对室内环境的延伸。在户外游戏中，学前儿童能够与大自然紧密接触，能够与教师有效地互动，能够与同伴积极地互动交往。

（一）户外游戏环境的规划要点

户外游戏环境是儿童与自然、儿童与自己的内心、儿童与儿童等融通的主要生态场。户外游戏空间应该具有四个主要特点：儿童可以在游戏空间里进行有益健康的冒险、接受渐进式挑战、玩不同形态的游戏以及操作材料和设备。因此，在规划中教师要考虑以下因素：

1.绿化、美化、儿童化、教育化、游戏化综合考虑

户外游戏环境规划要因地制宜，综合考虑各方面需要和要求。

绿化、美化是幼儿园户外环境规划的基本要求，幼儿园应该尽可能扩大绿化面积，栽种各种高大的乔木和低矮的灌木，保证夏季户外游戏活动有绿荫；在绿化的同时，尽可能四季都有花卉，让幼儿园像个美丽的大花园。

儿童化、教育化、游戏化是幼儿园环境最突出的特征，所以户外游戏环境规划一定要根据3～6岁学前儿童的特点和需要设计，既让环境充满童趣，有童话般的感觉，又在安全的前提下，满足学前儿童各种游戏活动如钻、爬、跑、跳等的需要，充分挖掘现有空间条件，让学前儿童充分享受户外游戏的乐趣。

2.有适合各个年龄段学前儿童需要和发展水平的活动空间

户外游戏场地设计要充分考虑全园不同年龄段学前儿童的特点和需要，比如小班和小小班的学前儿童，肢体动作发育尚不完善，容易摔跤，可以为他们设计一个专门的半开放的软游戏区，铺设软垫、塑胶地面或人造草坪，还可以适当投放一些小型玩具，如皮球、沙包、小汽车等。在这样的环境里，学前儿童既可以跑跑跳跳，也可以爬爬、坐坐。如此一来，教师也可以放心让学前儿童去户外游戏。

户外游戏活动的组织形式各异，既有集体游戏，也有小组游戏和个别游戏，所以户外游戏场地的面积也应该根据需要设计，大小不一，可用灌木丛进行适当隔离，并有多个出入口。

户外游戏活动种类繁多，所以地面的设计也应该有所不同，软硬都有。除了前面谈到的为小小班学前儿童设计的软游戏区外，滑梯、秋千等处的地面也应该进行软化处理，避免学前儿童落地时受到伤害。树林、山坡、草坪等应该尽可能保留其土质地面，便于动植物的生长，可以在连接处的路面进行硬化处理。另外，幼儿园还应该专门为学前儿童设计车道等硬化地面，还要有沙池、水池等游戏场地。

户外游戏场地以开放性空间设计为主，也可以设计部分封闭或半封闭的空间，以利于学前儿童的自由活动或交往活动，如游戏小屋、小迷宫、小城堡等。

3.有适合四季游戏活动的空间设计

户外游戏环境规划一定要根据季节交替,考虑户外游戏需要,比如夏季阳光强烈,如果没有树荫,从上午10点到下午4点这段时间,就很难组织学前儿童外出游戏。所以,如果有条件,可以设计绿色长廊,栽种紫藤、葡萄等藤蔓类植物,并架设秋千一类玩具;在沙池、水池、大型玩具旁栽种高大、枝叶茂密的乔木;提供山洞、小城堡、游戏小屋一类充满神秘感的设施。

4.巧妙利用自然元素和空间

每个幼儿园户外空间各异、面积大小不一,在进行游戏环境规划时应该因地制宜地利用空间。比如,原来低洼的地方可以设计成小河、沟渠,并架设上晃悠悠的桥索;如果幼儿园户外空间太小,可以立体地利用空间,进行立体绿化,或者在墙壁设计横向攀岩;购买综合大中型玩具,靠边墙摆放;在高大的树木间设计秋千、摇椅、跷跷板等;沙池与戏水池巧妙组合等。

5.事先考虑空间密度和地面表层、下水道及场地的相互关系等问题

幼儿园招生要与自己的室内和户外面积相匹配,避免人均空间密度不够,出现拥挤现象。现已存在这些问题的幼儿园可以通过轮流、交替进行户外活动解决此问题,也可以通过开辟楼顶活动空间、立体地利用户外空间等方法进行改善。

在幼儿园建设之初,应该先根据不可改变的地下管道等进行地表设计,绿化场地要避开下水管道等,戏水池、游泳池、喷泉、鱼池要方便接入水龙头。

室内游戏场地与户外游戏场地可以用长廊相连接,户外每一个游戏区域之间有多个通道;避免游戏区域相互之间的干扰或者存在安全隐患,如车道应该是一个半封闭的区域,不能与秋千、滑梯等玩具区混在一起。

(二)户外游戏环境的构成

1.运动器械区

运动器械区主要是指攀登架、滑梯这样的大型组合玩具和秋千、跷跷板、转椅这样的中型玩具区。如果户外空间较大,这些玩具可以设立在任一空间,相互之间要有距离,并在学前儿童着地处铺设软垫;如果幼儿园户外空间不足,可以考虑集这几种功能于一体的玩具,并和沙池组合在一起,节省空间和成本。

2. 集体运动场地

在我国，绝大多数幼儿园都有全园一起做操的习惯，还有上体育课的传统，所以幼儿园还需要有一块较宽敞的、平坦的空间，在这个空间上可以开展集体游戏，可以开辟车道，可以独立出小班的软游戏区。经济条件较好的幼儿园可以将游戏场地全部软化，铺设塑胶地面或人造草坪，也可以有部分自然草坪。没有条件的幼儿园则可以保留土质地面，而不要用水泥和砖块硬化游戏场地，除非是专门的车道。

集体运动场地还要开展各种各样的游戏活动，如玩风车、玩沙包、玩飞碟、走莲花桩、玩轮胎、玩球等，利用率很高，所以最好在四周为每个班设计一个玩具储藏室。

集体运动场地的四周最好栽种高大的乔木，保证夏季提供绿荫。

3. 攀爬区

小孩子都喜欢攀爬，尤其是中大班的学前儿童，所以应该尽可能为学前儿童设计1~3个攀爬区。比如，可以在墙面设计横向攀岩，在绿色长廊设计软索爬梯，在草坪上设计轮胎爬墙、软索爬墙等。

4. 长廊

长廊可以连接室内与户外，也可以连接户外多个游戏区，还可以变成夏季绿荫长廊供学前儿童嬉戏。

5. 小树林

若幼儿园户外空间充足，可以设计一个小树林，栽种各种树木，包括果木、花木等，在小树林里吊挂秋千、摇椅等设施，保留树林的土质地面。

6. 草坪

有条件的幼儿园可以设计大面积的开阔草坪，但不是观赏草坪，应该允许学前儿童上去滚爬戏耍；没有条件的幼儿园可以铺设带状草坪，或者在裸露土壤的地面铺设草坪，作为软化地面的手段。

7. 种植区、养殖区

有条件的幼儿园应该为每个班的学前儿童开辟一块种植区和养殖区，距离自己的班级较近，并有班级标牌，由学前儿童自己管理，而不是交给门卫或教师管理；没有条件的幼儿园也应该利用现有场地、哪怕利用盆盆罐罐进行种植养殖活动也行。这是学前儿童的探索活动，也是学前儿童的游戏活动，是每个学前儿童童年的乐趣所在。

8.山坡（山洞）

每个小孩子都喜欢爬土坡，并享受从土坡上滑下的乐趣，成人或许会感觉脏，禁止小孩子玩耍，小孩子却很享受，这种乐趣比滑漂亮的滑梯更浓厚。

9.玩沙区

学前儿童喜欢玩沙，因为沙子富有变化，所以可以天天玩、年年玩。幼儿园应该根据人数的多少设计几个不同规格的沙池，边缘可以用轮胎进行软化处理，轮胎还可以为学前儿童提供一个锻炼平衡行走的好场所。沙池四周最好有高大的树木，以便夏季提供树荫。

10.玩水

玩水区可以和玩沙区相邻。条件较好的幼儿园可以设计游泳池、喷泉、鱼池等不同的玩水区；条件一般的幼儿园可以设计简单的长条形玩水池，紧邻玩沙区，既可以为沙池供水，也方便学前儿童玩沙后洗手。

11.投掷区

投掷活动可以锻炼学前儿童的臂力，发展手眼协调能力，所以幼儿园可以在户外设计一个投掷区，如果空间不足，投掷区可以借用门廊、墙面、树林、长廊等地，不单独占用空间。

12.涂涂画画区

户外的涂涂画画不同于室内桌面上的绘画活动，对于小孩子更有吸引力。幼儿园可以利用户外墙面为学前儿童设计一面自由墙。在这里，学前儿童可以用水彩笔涂画、可以用粉笔涂画、可以用毛笔或其他大刷子等工具和材料涂画。墙面当然必须是可以擦掉、重复使用的。

13.户外游戏小屋

幼儿园可以在户外设计一座童话式小城堡或小木屋，也可以利用农作物的秸秆或草席、稻草之类的自然材料设计一座自然风貌的小屋，还可以简单地利用帐篷为学前儿童设计几个悄悄话小屋。这些都会让学前儿童在户外的游戏充满趣味，并增加学前儿童社会性交往的机会。

四、室内游戏环境的规划

（一）室内游戏环境规划的范围及内容

室内游戏环境规划的主要范围包括多功能游戏室、班级活动室和划分给该班的相对独立使用的区域（一般是与该班距离较近的走廊、墙裙、栏杆、楼道等）和公共区域。

室内游戏环境规划的内容包括以下几个方面：
1. 空间利用；
2. 区域与材料安排；
3. 墙面与天花板的规划；
4. 走廊的规划；
5. 地面的规划。

（二）规划室内游戏环境的有效策略

生态心理学家罗杰·巴克在大量实证研究的基础上指出，人总是通过调节自己的行为来适应环境，而环境为人的行为方式提供了线索。但还应注意，人不仅能适应环境，而且可以改变环境，创造有利于自身发展的环境，而良好的环境又会给人以积极的影响，如此形成人和环境之间的相互作用。

1. 创设丰富的室内环境

创设丰富、开放的室内环境也是学前儿童进行有效的同伴交往、主动培养学习能力的非常重要的条件。教师要创造性地为学前儿童提供丰富的、具有层次的、可供学前儿童根据自己的能力和需要进行选择的材料和游戏环境。

2.优化游戏资源配置，创设开放、共享的室内环境

环境的游戏性和互动性体现在幼儿园的所有设施都应是可实际利用的，都是以学前儿童的发展为目标的。因此，环境内的所有设施应合理安排，经常向学前儿童开放，使有限的资源得到最大限度的利用。充分利用每个班级的游戏环境资源，经常性地开展同伴之间、师幼之间、家园之间、班与班之间、级组之间的开放性活动，有助于实现一定程度的资源共享。例如，开展相同的主题活动时，平行班之间进行环境设置时可以各有侧重、各有特色，然后每天安排一定的时间向儿童开放。儿童则可以自由选择、相互参观，这样既可以避免资源的重复和浪费，又可以加强儿童与同龄小朋友之间的交流与分享，扩大与游戏环境互动的范围，使儿童从广泛的资源中获得成长。

3.指导学前儿童参与室内游戏环境的创设

幼儿园环境首先是学前儿童的环境，是学前儿童可以参与创设、有发言权的环境。教师应该让他们按照自己的意愿和想法来创设幼儿园的物质环境。

教师要放手，最大限度地把与教育目标相符的价值和经验转化为儿童的需要，这是儿童主动参与的基本前提，也只有这样才能让儿童参与到环境创设的全过程中来，使儿童体验到设计与制作的快乐，享受到成功的喜悦。

室内游戏环境创设需要教师与学前儿童合作，学前儿童能以小主人的身份亲自参与。如果仅仅由教师单方面策划、忙碌、布置好之后，对学前儿童说"请进"，这样的做法只会在无形中扼杀学前儿童的主动性和参与精神。在创设环境的过程中，如果教师采纳和吸收学前儿童的意见、建议，并邀请学前儿童参与环境创设，不仅能给学前儿童提供参与活动的机会，满足学前儿童自我表现的欲望，而且能培养他们的动手能力。

学前儿童参与物质环境创设的整个过程体现了师生互动以及人与环境的互动。有儿童参与的环境创设才具有更高层次、更深刻内涵的教育作用。让学前儿童参与物质环境建设，能使物质环境更符合学前儿童的年龄特点和身心发展规律，更能激发他们对游戏环境的兴趣与注意，满足他们的心理需要，从而使环境与学前儿童、教师与学前儿童、学前儿童与学前儿童之间产生互动作用，形成和谐的生活空间，促进学前儿童的健康发展。

4.因地制宜，运用多种因素创设室内游戏环境

教师可以根据幼儿园的环境特点，将物质环境分为大环境与小环境、平面环境与空间环境、长期环境与时限环境等，逐步个别地创设。教师应根据季节的变换、节日

的不同来创设室内游戏环境，丰富学前儿童的经验储备。教师还应充分利用各种废旧材料进行创设。这不仅能够体现勤俭办学的良好风尚，而且能够展示出不同质量的材料制作效果的不同。

5.为儿童提供自主选择、创设与分享的环境空间

不同年龄段的儿童受其身心发展条件的制约，参与环境布置的方式是不一样的，因此教师要为不同年龄的学前儿童创设自主选择和活动的区域环境，并给予恰当的引导。

如小班的儿童由于知识能力与生活经验方面的欠缺，尚不能充分表达自己的意愿，在环境创设中往往处于被动地位。为此，教师可以让儿童在室内安全、卫生的墙面上自由选择一个地方作为表达自我感受的空间，用自选材料加以装饰。儿童可以根据主题的深入和发展，以及自身知识经验的积累不断地增添、自由地交换内容。这样做既可以提高儿童对环境的兴趣与关注度，又可以强化其自主和分享的意识。

此外，每个班级可以在阳台、围栏等擦洗相对方便的墙面设置"涂鸦区"，允许儿童在区域活动时运用各种颜料尽情地涂抹和自由创作；还可在活动室内相对安静的地方设置一个"悄悄话区"或"分享区"，使儿童能充分抒发各种情绪，教师也能随时了解儿童的思想动态；还可以在室内开辟一个休闲生活区，儿童可以坐在小沙发里喝水、聊天、阅读甚至吃点小零食（中大班还可选择自己榨果汁、分小点心）等，以此强化"家"的感觉，增强儿童对幼儿园的归属感。

6.积极调整室内游戏环境，促进学前儿童全面发展

学前儿童对事物的认识是通过他自身的感知和活动来形成的，所以物质环境的建设为学前儿童通过主动活动获得知识经验、提高能力创造了条件，同时学前儿童的活动表现又为物质环境的再建设提供了依据。

在丰富多彩的区角活动中，学前儿童的主动性得到了充分的体现。儿童可以自由地选择，通过自发的学习或游戏来获取知识经验。不同能力层次的学前儿童都可以通过区角活动，选择适合自己的学习内容，按照自己的意愿探索、尝试，做自己能力范围内的事情，使自己的能力水平得到最充分的发挥。而教师要根据学前儿童的活动情况，及时调整活动环境，使得环境能真正有效地促进学前儿童的发展。

五、精神环境的创设

精神环境主要指环境中的人际关系，主要包括教师与教师之间的关系、教师与学前儿童之间的关系、学前儿童与同伴之间的关系以及教师与家长之间的关系。幼儿园的精神环境虽然是一种无形的环境，但却对学前儿童的发展，特别是学前儿童的情绪、社会性、个性品质的形成与发展具有十分重要的作用。只有为学前儿童提供一个能使他们感到安全、温暖、平等、自由，能鼓励他们探索与创造的精神环境，学前儿童才能活泼愉快、积极主动、充满自信地生活和学习，获得最佳的发展。为创设良好的精神环境，教师需要做好以下几个方面：

（一）建立教师之间良好的合作关系

教师的形象是幼儿园精神环境的重要组成部分。教师在班级群体中的一言一行、一举一动都会给学前儿童留下深刻的印象。若教师之间关系友好和睦、合作愉快，学前儿童则会受到良好的熏陶，在内心深处萌发团结友爱的思想感情；若教师之间关系紧张，经常闹矛盾，学前儿童就会受到负面影响。因此，教师应以身作则，为学前儿童树立一个良好的榜样，以自己的言行去感染和教育学前儿童。教师之间要相互尊重，真诚相待，友好合作，建立一个团结和睦的集体，做学前儿童的榜样。团结和睦的教师集体不仅会给学前儿童营造一个和谐、温馨的心理环境，而且会对幼儿期的交往倾向以及儿童成年后的社交倾向产生不可估量的影响。

（二）建立学前儿童之间友好的同伴关系

学前儿童与学前儿童之间的同伴关系是影响其心理发展的一个重要的社会性因素。学前儿童间互相关心、互相帮助、文明礼貌、友好谦让，在游戏中互相协商角色、互相交换玩具，这些都为游戏的继续深入增加了可能性，提高了学前儿童游戏的主动性、积极性。因此，教师应加强学前儿童的情感教育和集体教育，建立互助、友爱、和谐的同伴关系，使学前儿童生活在一个轻松、愉快的环境中，在集体中获得全面的发展。

第一，教师应重视同伴交往对同伴关系建立的影响，为学前儿童的同伴交往创设有利的条件，特别是自由活动中的同伴交往对学前儿童同伴关系的建立影响更大。

第二，要让学前儿童学会尊重他人，知道尊重他人的人才能得到别人的尊重。

第三，要培养学前儿童团结友爱、助人为乐的好品德，让学前儿童学会帮助和关心他人。教师可以运用移情训练的方法，引导学前儿童去感受他人的情绪情感，做出对他人有利的行为。同时，在得到别人的帮助和关心时，教师要注意引导学前儿童说出自己的情绪情感体验，如"小红帮我系鞋带，我心里很高兴""我感冒在家休息，佳佳打电话给我，我心里很感激"等。

第四，要教给学前儿童一些基本的社会交往技能，如换位思考、不打扰等。

（三）建立与家长之间畅通的家园关系

随着儿童从家庭进入幼儿园，家庭和幼儿园作为影响儿童发展的两个最重要的微观系统之间开始形成了一个重要中间环境系统——家园关系。良好的家园关系对于学前儿童、家长和教师都具有独特、重要的价值，因此教师应积极与家长建立良好的关系。

第一，以平等、合作的态度对待家长。教师和家长共同关心着学前儿童的成长，为达到促进学前儿童的发展这个共同的目标他们分担着责任，他们都能够对家校积极关系的建立做出有价值的贡献。只有教师和家长都把关注点集中于为学前儿童提供最好的发展环境这个共同目标上，共同分担责任和分享成功，都把对方当作既有优点又有缺点的人来看待，他们才可能以平等、合作的态度对待对方，才能够在学前儿童的学习与生活中发展成为合作者、共同的教育者和共同的决策者这种真正的教育伙伴关系。特别需要注意的是，当家长与教师出现矛盾时，教师必须理解家长对幼儿园、对教师的印象会受到他们以往的经验和成见的影响，从而坚持以宽容的心态对待家长，以一贯平等、合作的态度改变家长对幼儿园、对教师的消极看法。

第二，积极主动地与家长沟通。教师可以采取各种方法与家长沟通。家长开放日是幼儿园经常采用的家园沟通形式。当家长参观幼儿园时，教师可以向家长介绍幼儿园的课程设置情况及其理论基础，并倾听家长的意见，这样就能够保证幼儿园和家庭在教育目标和价值上的一致性。家访是另一种常用的沟通方法，它是教师与家长之间建立信任感和结成朋友关系的有效方法之一。此外，教师还可以采用一些其他形式，如信息栏、家园联系簿、微信等与家长沟通。

第三，鼓励家长参与幼儿园教育。家长可以成为制订幼儿园教育方案的决策者之一，或是课程方案领导小组及意见委员会的成员，这样家长就可以与教师共同制订教育计划、设计课程或者对教育计划和课程设置提出意见与建议。基于家长的文化背景、职业和特长，教师可以请家长来幼儿园给学前儿童讲课。此外，家长还可以与学前儿童一起参加幼儿园组织的活动，如帮助幼儿园修葺院墙、植草种花或建造体育器械等。

（四）建立教师与学前儿童之间和谐的师幼关系

民主、平等、和谐的师生关系是学前儿童游戏的重要支柱之一。教师要有一颗爱心，"爱一切孩子""爱孩子的一切"，理解尊重孩子的要求。在学前儿童的游戏中，教师既是指导者又是参与者。教师要参与学前儿童的游戏，使他们认识到教师是他们的亲密伙伴。例如，在一次结构游戏活动中，教师让几位学前儿童合作搭一艘船，而教师没有去干涉他们。活动结束时，教师惊奇地发现，在没有教师帮助的条件下，几个孩子共同合作搭了一艘非常漂亮的轮船。从甲板到驾驶室，从船舱到娱乐设备，一应俱全，在这里儿童的想象力和创造力得到了充分的发展和体现。在下一次的结构游戏活动中，教师一而再、再而三地叮嘱这几个搭船的孩子"一定要搭出来，要和上次一样漂亮！"孩子开始动工了，这一次，教师对他们的工作给予了特别的关注，每每看到学前儿童停在那儿，或是搭得不合教师的意，教师就催促、干涉，甚至让学前儿童重来。活动结束了，一艘船还是没有成功。因此，在游戏过程中，教师应当让儿童自己思考，过多的干预会限制他们，太高的期望会造成儿童的压力，使得他们的想象力、创造力受到限制。

因此，教师应明确自身在游戏中的角色。教师在游戏过程中，不是领导者，也不是权威者，而是学前儿童的帮手和支持者。教师的主要任务是鼓励和引导学前儿童构思，协助他们创作，但却不可因此去支配学前儿童或干预他们的决定，更不是教学前儿童如何做或代替他们去做。

教师应树立正确的儿童观，尊重学前儿童的兴趣、爱好，不因他们的年幼而忽视他们的需要，也不把自身的意志强加于学前儿童，而是要与学前儿童建立民主、平等、轻松、愉快的师生关系。只有在这种安全、平等的环境中，学前儿童才能自然地、真实地表现自己。

精神环境较之于物质环境的创设更为重要，其任务也更艰巨。平等、和谐、愉悦的精神环境，是鼓励学前儿童与周围人、事、物相互作用的保证。然而，我们也不可忽视物质环境的创设。它与精神环境同样重要，这两者是相互联系、相辅相成的，缺一不可，最终的目的都是让学前儿童在游戏中玩得轻松、愉快、有价值，让他们在一个民主、平等、和谐的开放性环境中健康成长。

第四章　教师在学前儿童游戏中的作用及介入策略

第一节　教师在学前儿童游戏中的作用

在游戏过程中，教师合理地对学前儿童进行指导，能够保证游戏活动的顺利进行，充分发挥游戏的教育作用。因此，教师在游戏中的作用十分重要。

一、教师是学前儿童游戏环境的创设者

游戏环境作为一种隐性的影响，能够刺激儿童的游戏兴趣与欲望，引发儿童的想象和创造。因此，创设一个良好的游戏环境对学前儿童的成长非常重要。

（一）保证学前儿童的游戏时间

学前儿童需要充足的时间来计划和完成游戏，特别是建构性游戏和社会性游戏，学前儿童需要花费大量的时间计划和实施。例如，为了开展社会性游戏，学前儿童必须找同伴协商角色，计划故事情节，指定物体的假装身份，构造道具以及确定需要使用的空间。这些准备工作需要耗费大量的时间，有时会远远地超过故事演出所需要的时间。如果游戏时间太短，游戏刚开始演出就不得不停下来，有时候甚至在准备工作完成之前就不得不放弃这个游戏。如果这种情况多次发生，学前儿童就会放弃游戏，

产生挫败感。因此，要保证学前儿童每天有足够的时间进行游戏。

（二）为学前儿童提供足够的空间

游戏空间以及空间安排方式对于学前儿童的游戏类型以及游戏质量具有重要影响。研究发现，当游戏空间不够时，学前儿童身体之间接触增多，社会交往包括攻击性行为也会增多。游戏空间的安排，如游戏设备的放置，家具、玩具材料的布置格局等，也会影响学前儿童的游戏行为。年龄较小的学前儿童喜欢在一些较小的空间里玩各种游戏，似乎觉得更有安全感和趣味，但同时他们又希望能看到别的学前儿童在干什么。教室空间的安排应让学前儿童明确知道在各个角落摆放的玩具材料的功能，以及在各个活动区域中应该遵守的规则。空间安排应有相对的固定性，但也要进行适当的调整和变化，以引起学前儿童对周围环境的兴趣。游戏空间的安排应有利于学前儿童的活动和交往，以及教师的观察和指导。

室外游戏场地应考虑学前儿童人数和游戏空间的比例，当游戏空间满足学前儿童的游戏需要时，游戏便可以顺利进行。当游戏空间过小，学前儿童的等待时间增加，争抢游戏设备的可能性会很大。因此，足够的空间是开展游戏的必要条件，教师应为学前儿童提供足够的游戏空间。

（三）为学前儿童提供所需的材料

学前儿童往往在游戏材料的启发下产生联想，进而开展游戏活动。游戏材料是学前儿童的现实世界和想象世界之间的一座桥梁，也给学前儿童提供了许多直接的、偶然的学习机会，是他们发展各种技能的源泉。研究表明，游戏材料的提供与学前儿童的游戏行为有明显的关系。如果游戏材料多种多样，学前儿童在解决问题时会表现出更多的发散思维的特征。给学前儿童提供没有固定玩法的材料时，学前儿童就会创造新的玩法；完全陌生和比较复杂的游戏材料能够引起学前儿童的探索性行为，新的游戏材料容易引起儿童的兴趣和好奇；中等熟悉和复杂程度的材料比较容易引发象征性游戏和练习性游戏行为的产生。游戏材料的数量增加时，学前儿童之间的社会交往会减少，争抢玩具等攻击性行为也会减少。

但是，游戏材料的提供并非越多越好，教师应根据学前儿童的年龄特征和游戏特点，有目的、有计划地投放材料，逐步增加，定期更换。教师还要注意为年龄稍长的中大班学前儿童提供真实程度较低的简单物品和材料，以发展学前儿童的想象力。如积木、小棒、可乐瓶等，都是可以用来进行游戏的材料。利用这些简易的物品，学前儿童能够通过丰富的想象弥补玩具的不足，比如小竹圈可以作为汽车方向盘，皮球可以作为凳子等。另外，教师在提供的游戏材料和未成品材料时要有一定的比例。

（四）为学前儿童提供预先的经验准备

学前儿童的游戏水平往往与他们已有的知识经验有密切的联系。角色扮演要求学前儿童以自身的知识经验为基础，依据其对角色的理解来进行角色表演。如果学前儿童对他要扮演的角色一无所知，这个角色游戏就很难进行下去。大多数学前儿童对家庭成员的角色都很熟悉，家庭成员之外的角色就不太了解，如在"餐馆"游戏中，如果学前儿童不太熟悉厨师和洗碗工这两个角色，表演时就会将两者混淆。教师可以邀请特定职业的人来班上给学前儿童做职业介绍，或者借助书籍、影像资料等给学前儿童提供这方面的经验，帮助学前儿童了解各种不同的主题和角色。

二、教师是学前儿童游戏过程的观察者

蒙台梭利认为，观察是了解儿童的主要途径之一，是教师进行有效指导的前提。观察游戏不仅能帮助教师制订游戏计划，也能有的放矢地指导学前儿童游戏，因此教师应具有较强的观察能力，成为游戏过程的观察者。当给学前儿童提供一定的游戏材料后，教师应观察新材料对学前儿童游戏行为的影响，如某种材料的提供导致了什么样的学习行为，是否引起学前儿童之间更多或更少的相互作用等。

通过对学前儿童游戏行为的观察，教师能够知道给学前儿童提供的游戏时间和空间是否合适，材料的投放存在什么问题，学前儿童需要补充哪方面的经验等，以进行适时、适度的指导。例如，在分区活动游戏中，教师观察到大多数学前儿童对教师准备的简单的、现成的玩具不感兴趣时，就适当投入半成品材料，让学前儿童根据自己的需要亲自动手操作、制作，增强层次性，重新激起学前儿童探索的兴趣。教师也正是通过"观察—思考—观察—思考"不断循环发展，才能更深入、全面地了解学前儿童的特点和需要。对于观察所得的信息，教师应及时整理和反思，这样才能获得规律性的认识。

三、教师是学前儿童游戏进展的支持者

在游戏过程中，难免出现游戏材料不够、游戏空间不足的情况，这时就需要教师给予支持，游戏才能继续进行下去。因此，教师在学前儿童游戏进展中充当了支持者的角色，主要表现在以下几方面：

（一）对游戏材料的支持

游戏材料与学前儿童游戏有着密切的关系，因此教师必须提供充足的玩具和操作物，支持学前儿童游戏的进展。当原有的材料不能满足当前的活动需要时，教师可适当添加材料。当学前儿童对现有玩法失去兴趣时，师生可以共同探讨材料的多种玩法。例如，教师提供了许多空的易拉罐作乐器，在里面装入不同的实物，如米、沙、豆、石头等可以发出不同的声音。这样可以使学前儿童循环地使用这些废旧材料，增加了玩具的持久性和创造性，学前儿童游戏的意义也会大大加强。

（二）对游戏空间的支持

足够的空间是开展游戏的必要条件，因此教师必须为学前儿童提供充足的空间以保证学前儿童游戏的顺利进行。例如，在一次结构游戏中，教师让学前儿童合作用积木搭一座大厦。在没有教师的帮助下，几个孩子分工合作，根据自己的生活经验，搭了一座功能齐全的商业大厦，里面设置了超市、服装部、饮食部。一个女孩扮作顾客在逛服装店，当她准备要付钱时，发现自己身上没带钱，便说："我忘记带钱了，只有银行卡，怎么办？"教师见此，就为孩子创设了一个更大的空间，以商厦服务员的身份说："你不用着急，我们这里有银行，可以去取钱。"于是，小女孩去银行取钱，最后买到了自己喜欢的衣服，高兴地结束了这次游戏。由此可见，在学前儿童游戏期间，空间的支持也是极其重要的。

（三）鼓励、赏识的语言支持

教师在学前儿童游戏中的态度、语言会对学前儿童产生很大的影响。例如，当教师看见学前儿童用积木成功地搭建了一座漂亮的大桥，他可以走过去说："你搭的大

桥真漂亮，可是这上面只能跑汽车，能不能搭一个既能跑汽车，又能跑火车的大桥呢？试一试，你肯定能搭得更好！"这既让学前儿童感受到教师的肯定，又引发了学前儿童进一步探索的欲望。

因此，教师要以欣赏的态度、启发式的语言，引导学前儿童运用已有的经验收获新的经验，从而激发学前儿童探索、发现问题的兴趣，使学前儿童感受自信，感受成功，感受爱。

四、教师是学前儿童游戏过程的参与者

学前儿童的年龄小，经验有限，在游戏中常常会遇到一些问题，这就需要教师的参与。但是，如果教师仅凭主观愿望，过于积极主动地给予帮助，反而会干扰学前儿童的游戏活动。因此，教师应扮演好参与者的角色，以促进学前儿童在游戏中的不断发展。

（一）旁观者

旁观者是学前儿童游戏活动的欣赏性观众。旁观者置于游戏空间附近（但不处于其中），观看学前儿童的游戏，做出表示或评论，有时也会问孩子们正在玩什么，但是不参与游戏，也不会做任何事来破坏游戏，在最自然的状态下观察游戏。

（二）舞台管理者

舞台管理者仍处于游戏的边缘，不参与游戏，但是不同于旁观者，舞台管理者积极地帮助学前儿童为游戏做准备，并随时为正在进行的游戏提供帮助。教师要对学前儿童关于材料的要求做出回应，帮助学前儿童准备材料，提出适当的故事情节建议，以延伸学前儿童的游戏。例如，小班学前儿童自我调节能力较差，往往长时间地做一种活动，当"运输工"的学前儿童反复装运玩具，累得满头大汗也不休息，教师发现这种情况后，可以在运输工地设置遮阳伞和茶水之类的材料，吸引学前儿童来遮阳伞下喝茶，从而获得休息。

（三）共同游戏者

共同游戏者即教师参加学前儿童正在进行的游戏，但是游戏进程由学前儿童控制，学前儿童有时会主动邀请教师参加，如果没有被邀请，教师可以表现出与当时情景有关的游戏行为，如扮演一个顾客，自然地加入游戏。这种方式能起到赞同和鼓励学前儿童游戏的作用，并给学前儿童示范新的游戏行为，建立良好的师幼关系。

（四）游戏引导者

和共同游戏者相比，游戏引导者施加了更多的影响，有意地采取步骤来丰富和延伸游戏情节。他们提议新的游戏主题，介绍新的道具或情节。游戏引导者这一角色通常是在学前儿童很难自己展开游戏或正在进行的游戏难以进行下去的时候出现。

第二节　教师介入学前儿童游戏的策略

教师应通过参与学前儿童游戏，进一步观察、了解学前儿童，使学前儿童获得心理上的支持，提升学前儿童对游戏的兴趣。研究表明，成人在场可以抚慰儿童，并让儿童感到他们的游戏是有价值的活动。此外，学前儿童还可以通过观察成人的游戏学会材料的新玩法，让游戏活动持续得更久。因此，教师一定要合理地参与学前儿童的游戏，并注意参与游戏的策略。

一、尊重学前儿童的自主性

学前儿童是学习的主体，教师在参与学前儿童游戏时，应当充分尊重学前儿童的主体地位，使学前儿童游戏真正成为学前儿童当家作主的游戏，而不是在教师导演下的表演，那样只能把学前儿童游戏引向"游戏学前儿童"的怪圈。

例如，在角色游戏中，孩子们提议开个"餐馆"，好几个孩子都想做"老板"，结果大家争执起来，互不相让。这时，教师参与到游戏中来，不由分说，自己扮演起了老板，在游戏中，"老板"主宰一切，游戏按照"老板"的安排一步一步进行着，孩子们成了"打工仔"。

在上述案例中，角色的分配、游戏情节的发展，完全按照教师的意愿和思维进行，看似场面非常热闹、有序，但是在整个游戏过程中丝毫没有体现学前儿童的主体地位，他们只是在教师的"导演"下被动地完成教师布置的任务。这俨然把儿童游戏变成了"游戏儿童"。

游戏情节的展开是不以教师的意志为转移的，教师应尊重学前儿童的游戏主体地位和游戏精神，积极投入游戏过程中生成的情境，鼓励和帮助学前儿童自主游戏，享受快乐，体验成功。

二、观察并合理介入学前儿童游戏

教师要仔细观察学前儿童游戏，以便发现学前儿童在游戏中遇到的困难和挫折。当出现挫折和困难时，教师不要急于介入，因为学前儿童一般会想方设法解决问题，使游戏进行下去。但也有一些学前儿童会放弃游戏。教师要静观其变，留给学前儿童自主解决问题的时间和空间，让学前儿童在尝试中积累经验，学会正确对待困难和挫折。当然，一旦发现学前儿童因实在无法实现自己的游戏愿望而即将放弃游戏时，教师必须介入。此外，当游戏中出现的不安全因素对学前儿童构成危险时，教师必须立即介入；当学前儿童在游戏中主动寻求教师帮助时，教师也必须立即做出回应。

在学前儿童自主性游戏中，教师不能是传统意义上的指导者。教师首先要敏锐地观察每个孩子的变化，了解他们的每项兴趣与需要，通过观察游戏了解学前儿童，通过环境材料的创设和适当的介入支持学前儿童的游戏。

三、多种介入方式相结合

教师介入的方式可分为直接介入和间接介入。直接介入，是指在不影响学前儿童游戏意愿的情况下，教师通过提示一个问题或建议、给出一个鼓励或参照、邀请一个同伴加入、营造一种氛围支持学前儿童的游戏行为。间接介入，是指教师以同伴身份参与游戏，潜移默化地影响学前儿童的游戏行为，提高学前儿童的游戏水平。无论是直接介入还是间接介入，都要以不干扰学前儿童游戏为前提，以不破坏学前儿童游戏的兴趣和游戏的发展为原则，以让学前儿童获得游戏体验以及促进学前儿童游戏水平的提高为目的，在自然的状态下进行。

教师介入的方式也可分为情感性鼓励和技艺性帮助。情感性鼓励，即在介入时侧重采用鼓励、欣赏、融入、暗示、启发、建议和引导等方法。例如，教师的一个微笑、一声赞美，能给予学前儿童战胜自我的信心和战胜困难的勇气。技艺性帮助主要包括示范、参与、帮助、指导和练习等。例如，教师通过动作模仿、操作示范和实物提供等给予学前儿童具体的支持，使学前儿童破解难题，实现游戏愿望。学前儿童游戏既需要教师的情感性鼓励，也需要教师的技艺性帮助。

当然，学前儿童的游戏水平和游戏体验不与教师介入的频率和深度成正比。有的教师介入频率很高，但学前儿童的游戏热情未必高。教师的过度介入往往会干扰、转移或替代学前儿童原来的活动意向，降低学前儿童的自信心，挫伤学前儿童的积极性。

四、灵活转换角色

教师有时是观察者，有时是材料提供者，有时是监督者，有时是游戏的合作伙伴。总之，教师参与游戏的角色不是一成不变的，应该随着游戏的发展而变化。

例如，在搭积木游戏中，教师为学前儿童提供了积木等游戏材料。在学前儿童进行游戏的过程中，教师认真观察，发现有的学前儿童拿着积木相互投着戏耍，便及时过去制止。随后教师又发现一个男孩在用积木搭"大高楼"，但他把小块积木放在下面、大块积木放在上面，因此"大高楼"总也搭不高、站不稳。教师发现这种情况后，便坐在他身旁，但没有直接与他交流，而是也拿起一堆积木来搭"大高楼"，一边搭一边说："我把大积木放在下面，小积木放在上面，这样我的大高楼就搭得高了。"男孩听了教师的话，脸上露出高兴的神情，也按照大积木在下面、小积木在上面的原则，搭起"大高楼"。很快，"大高楼"就搭好了，男孩看着教师笑了起来。

在上述案例中，教师的角色实现了由材料提供者—观察者—游戏引导者—观察者的灵活转换。

第五章　学前儿童游戏的组织和指导

第一节　练习性游戏的组织与指导

一、练习性游戏的特点

（一）0~2岁是练习性游戏的重要阶段

练习性游戏是婴幼儿最早出现的游戏形式。感觉运动占儿童全部活动的比例随着儿童年龄的增长呈逐渐下降趋势。0~2岁是练习性游戏的重要阶段，但是当代养育方式的精细化、智能化和舒适化，使儿童生活环境变得失衡，视听的刺激频繁而应接不暇，其他感觉系统和动作发展则被束缚，严重影响了儿童感知能力的健康发展。因此，在幼儿园教育中，练习性游戏是一种有意义的衔接和必要的教育补偿。

（二）体验是练习性游戏的主要形式

儿童只有亲身感觉、体验过，才能建立起事物之间的联系。因此，帮助儿童充分地自我感知、重复练习、获得快感和建立安全感，能让儿童在感知和身体运动中建立联系，为智力的发展奠定基础，为心理的健康发展提供安全基地。

二、练习性游戏的类别

（一）身体运动游戏

此类游戏主要训练婴幼儿的基本动作，如翻身、坐、爬、站、走等，主要包括俯卧游戏、仰躺游戏、翻身游戏、爬行游戏、投掷游戏、攀爬游戏、平衡游戏、综合体能游戏等。

（二）精细动作游戏

此类游戏锻炼婴幼儿手部的小肌肉群，提高手眼协调性。例如，抓握游戏、抓捏游戏、手指夹游戏、五指抓游戏、三指抓游戏、二指捻游戏、一指按游戏、手指游戏、手影游戏、绘画游戏、握笔游戏等。

（三）感官游戏

此类游戏以刺激婴幼儿的感觉器官为主，如感觉统合游戏等。

三、练习性游戏指导要点

（一）游戏环境创设

第一，为婴幼儿创设一个温馨、平等、尊重、安全的环境，让其感受到安全、自由和爱，教育者最主要的行为表现是微笑、耐心、接纳和回应。第二，良好的物质环境是婴幼儿游戏的保障，其质量直接影响婴幼儿的学习内容和学习方式。良好的环境应该包括温暖的房间色调、柔和的光线、适宜的感官刺激、自由的游戏空间等。

（二）游戏组织原则

1.遵守游戏性原则

婴幼儿的活动是多种多样的，其中最基本的活动是感觉游戏和动作游戏。在游戏活动中，婴幼儿既能操作各种材料，与物体相互作用，又能与同伴交往，与人相互作用。

2.遵循整体性原则

儿童生理和心理的发展是相互促进、相互协调的，只有把儿童作为一个独立的人、完整的人、生长发育中的人来看待，才能促进其和谐发展。因此，在设计和开展游戏的过程中，教师要发挥游戏的整体功能，凸显全过程育人理念，合理安排儿童的一日生活，有效整合家庭、社区、幼儿园的教育资源，为儿童的全面发展创造良好的环境。

3.遵循重复性原则

婴幼儿所得到的知识和经验是在多次反复中获得的，每次反复都是对获得的感知和经验的一种整合，都是一次积累的飞跃。婴幼儿喜欢反复操作同一种玩具，反复做同一种游戏。因此，在设计感觉游戏时，教师也要充分考虑儿童发展的需要和学习兴趣，有选择、有间隔、有变化地反复进行训练，帮助儿童积累多种经验，熟练掌握各种技能，促进各领域的发展。

四、游戏指导

（一）对身体运动游戏的指导

1.身体运动游戏的游戏内容

0～1岁：俯卧游戏、仰躺游戏、翻身游戏、坐的游戏、爬行游戏、站的游戏、走的游戏。

1～3岁：独自走游戏、倒退走游戏、钻爬游戏、爬梯游戏、攀爬游戏、原地双脚跳（2岁左右）、高向低跳（10～30厘米）、双脚连续蹦跳、单脚站游戏、单脚跳游戏、辅助前滚翻、向前走平衡台、向下丢物、丢球2米以上、向前踢球、身体旋转游戏（旋转一圈）、平衡板游戏、龙球游戏。

2.身体运动游戏的指导

0～1岁以亲子一对一游戏为主，儿童发展是一个量的积累的过程，教师或看护者需要循序渐进地为其提供适宜的刺激和练习，要有静待花开的心态。婴儿从仰卧到直立行走的过程中，爬是极其关键的一步。爬是婴儿发育成长不可缺少的一步，当婴儿会爬之后，要注意爬行触及范围的安全。下面以"划小船"游戏为例，具体分析身体运动游戏的组织和指导。

【游戏名称】
划小船（适合年龄：6～8个月）。
【游戏目的】
1.促进儿童颈部、手部的肌肉发展。
2.提高儿童的全身运动能力，为爬行奠定基础。
【游戏准备】
一个彩球或儿童喜欢的玩具一个。
【游戏过程】
1.让儿童俯卧在地板上，把彩球放在离儿童的手30厘米的地方。
2.家长在儿童的前方用彩球引导儿童往前。
3.儿童会做出挺胸、抬头的姿势，教师顺势用手把住儿童的手往前划，同时另一位家长用手掌抵住儿童的脚掌，帮助儿童借力往前爬。
【观察要点】
1.儿童能否借力往前爬。
2.儿童是否愿意主动爬。
【温馨提示】
1.保证儿童处于精神好、空腹的状态
2.游戏初期，时间不要太长，3分钟左右即可，视儿童情况增加活动次数。

（二）对精细动作游戏的指导

1.精细动作游戏的游戏内容

0～1岁：抓握游戏、抓捏游戏、手指夹物游戏、五指抓游戏、三指抓游戏、二指捏游戏、一指按游戏、手指游戏。

1~3岁：抓握游戏、抓捏游戏、手指游戏、画画游戏、投掷物体（40厘米）、搭积木（5厘米左右）、螺旋游戏、拼图游戏、剪纸游戏、小勺舀豆欧西、泥工游戏、敲打游戏。

2.精细动作游戏的指导

对于3岁以前的儿童，重在为其提供自由、安全的游戏环境和满足其发展的各类玩具，不过每次提供的玩具不宜过多；学步期开始就要将玩具分类放置，并一一匹配标签、收纳盒和玩具架。在儿童进行游戏时，教师要做好观察，及时给予回应。同时，由于3岁以前，尤其2岁以前儿童的教育，更强调以家庭教育为主，因此如何引导家长利用游戏和玩具显得非常重要。下面以"玩沙游戏"为例，分析游戏中的观察要点。

【游戏名称】

玩沙游戏（适合年龄：1岁半以上）。

【游戏目标】

1.充分感知沙的特性，促进感知觉的发展。

2.发展手部精细动作能力和想象力。

3.体验玩沙的过程，培养快乐的情绪。

【游戏准备】

干净、安全的沙池或沙箱，小桶、小铲、小碗、小杯子、积木等不受天气影响的材料。

【游戏过程】

玩之前要用带喷头的水壶将沙稍微浇湿，以免沙粒飞扬进入儿童的眼睛。可启发儿童把沙灌入一个个形状各异的小碗、小杯子、小盘子内，按得严严实实的，然后倒过来，做成圆的、方的、三角形的、大大小小的馒头、面包、饺子等；用小铲堆小山、挖坑；用小手、小脚丫印图案；还可把玩具藏在沙里再去找……在小山坡上种草种树（用树叶、树枝代替）。

【观察要点】

1.儿童在游戏中的情绪体验。

2.儿童玩沙的技能水平。

【温馨提示】

1.儿童玩的沙要干净，没有大石子、杂物，并用水冲洗过，玩后用塑料布盖好。以公园、幼儿园、海边的沙地最为安全，路边及建筑工地处的沙地不安全，不能让儿童去玩。

2.教育儿童懂得卫生、安全。不用手揉眼睛，不把沙扬得太高，更不能扔进小朋友的眼睛里、衣服里。

3.儿童要穿宽松的运动装，活动后要及时洗换衣服，养成爱干净的好习惯。

4.玩的时间不宜过长。夏季可选择早晨和傍晚，并尽量在阴凉的地方玩，以防晒伤。

（三）对感官游戏的指导

1.感官游戏的内容

婴儿一出生其感官就启动了工作，但感官间的互相合作是在出生后的第一周及第一个月才慢慢形成的。婴儿的感官系统不是独自工作的，是协同运作的。常见的感觉游戏包括触觉游戏、视觉游戏、听觉游戏、语言游戏、社会性游戏。

2.感官游戏的指导

根据婴儿感官系统协同运作的特点，感觉游戏不能在单纯的分领域中单独进行，应该回归儿童的生活，从儿童熟悉的用品、人和儿童自身的身体出发，进行游戏设计，设计时既可以是对优势感官的强化，也可以是对不常用感官的激发，从而提高感官的灵敏度和协同运作的能力。另外，感觉游戏要关注儿童的生命存在，营造温馨和谐的氛围，促使儿童主动和独立参与，建立安全感，在玩中发展感官的协同作用，使其获得全面和谐发展所必备的能力。下面以"顶牛"游戏为例，分析感觉游戏的组织和指导。

【游戏名称】
顶牛（适合年龄：7~12个月）。
【游戏目的】
1.增进儿童与家长的亲密接触。
2.发展儿童的人际交往。
【游戏准备】
儿童情绪好时。
【游戏过程】
1.教师抱着儿童，与儿童视线相对，说"顶牛"
2.教师用额头轻轻碰碰儿童的额头，顶一下。
3.家长与儿童做游戏，教师观察指导。
4.重复几次。
5.当家长跟儿童玩此游戏说"顶牛"时，儿童会主动与家长碰额头。

【观察要点】
1.游戏刚开始时,儿童是否紧张。
2.多次游戏后,儿童能否主动与家长碰额头。
【温馨提示】
1.儿童喜欢动作重复性高的游戏,该游戏可反复进行,发展儿童的记忆能力。
2.家长与儿童游戏时,要不断用语言与儿童交流。

第二节　象征性游戏的组织与指导

一、角色游戏的组织与指导

（一）角色游戏的特点

1.角色游戏的源泉是学前儿童的社会生活经验

角色游戏是学前儿童对现实生活的一种积极主动的再现活动,游戏主题、角色、情节、材料的使用均与学前儿童的社会生活经验有关。学前儿童的生活经验越丰富,角色游戏的水平也就越高。

2.角色游戏的支柱是学前儿童的想象

角色游戏的过程是创造性想象的过程。在角色游戏中,创造性想象主要表现在三个方面：一是对游戏角色的假想（以人代人）,如扮演妈妈、老师、司机、经理等学前儿童生活中熟悉的人物。学前儿童运用各种材料,通过语言、表情、动作等表现自己对这些角色的认识与体验。二是对游戏材料的假想（以物代物）。在角色游戏中,学前儿童常常以一种物品代替另一种,还能一物多用。三是对游戏情景的假想（情景转换）。学前儿童常常通过一个或几个动作和想象,将游戏情景进行浓缩或转换。

（二）角色游戏的指导

1.游戏准备环节的指导

前期准备主要是为学前儿童提供开展游戏所需要的环境与条件，这是学前儿童开展游戏的前提和基础。

（1）丰富学前儿童的生活经验

学前儿童游戏是对学前儿童生活的反映，学前儿童的生活经验是学前儿童游戏的基础和源泉。学前儿童的生活内容越丰富，游戏内容就越充实、新颖，游戏的水平也就越高。学前儿童对外界事物的认识，为学前儿童在游戏中发展想象力、创造性提供了条件。

例如，某幼儿园小班，教师提供了制作糕点的材料，试图引发"糕点厂"的游戏。教师费了很大的力气，试图让学前儿童能用橡皮泥制作糕点，并放进"电烤炉"烤制，结果学前儿童根本不予理睬，"糕点厂"的游戏也没玩起来。

之所以会出现这种状况是因为学前儿童不知道"糕点厂""电烤炉"为何物，教师提供的游戏材料脱离了学前儿童的生活实际。

学前儿童的生活经验主要来自家庭、社会、幼儿园、图书及影视等方面。教师应有计划地组织学前儿童参观、了解成人的各种劳动。例如，外出游览和参观时，教师要有意识地引导学前儿童观察交通警察是怎样指挥交通的、来往的车辆和行人应该遵守哪些交通规则等。学前儿童在生活中观察得越细致，感性认识越丰富，在游戏中的反应才越逼真。因此，家长应该经常带学前儿童散步、听故事、看电影，参加各种社会活动，或外出旅游，扩大学前儿童的眼界。

（2）提供适合的场所及丰富的游戏材料

环境对学前儿童的发展具有重要影响，学前儿童在与环境的和谐互动中获得发展。角色游戏的环境主要包括游戏场所和游戏材料，它们也是学前儿童进行角色游戏的物质条件，能有效激发学前儿童游戏的愿望和兴趣。

第一，要为学前儿童设置相对固定的游戏场所。有条件的幼儿园可以设置专门的游戏室，场地有限的幼儿园需要教师运用教育智慧，充分开发资源。例如，班级场地如果有限，则每个班级可以设置1~2个角色游戏区，各个班级尽量不相同，你班有"娃娃家"，我班有"小超市"，各班资源共享。这样不仅可以物尽其用，还可以扩大学前儿童社会交往的范围。

第二，要为学前儿童提供丰富多样的游戏材料。丰富的游戏材料可以激发学前儿童的游戏兴趣，满足学前儿童的游戏要求。教师可以为学前儿童提供部分逼真的玩具，如娃娃、餐具、听诊器、注射器等。随着学前儿童年龄的逐渐增长，教师还可以多提供一些半成品游戏材料。这不仅可以及时更新游戏材料，增加玩具的数量，激发学前儿童游戏的兴趣，而且可以充分调动学前儿童的积极性、主动性、创造性，同时增强学前儿童的自信心。

（3）提供充足的游戏时间

在角色游戏的整个过程中，学前儿童要明确游戏主题、分配游戏角色、准备游戏材料、展开游戏情节，需要花费较长的时间，教师应保证学前儿童每天都有充足的时间开展角色游戏。充足的游戏时间是保证学前儿童顺利、深入、自主开展游戏的重要保障。

2.游戏过程中的指导

在具体的游戏过程中，学前儿童会出现或多或少、或大或小的问题，教师需要充分观察学前儿童的游戏现状，根据学前儿童的年龄特点和个性特点，在尊重学前儿童主动性的基础上，有针对性地指导学前儿童深入、自主地开展角色游戏，促进学前儿童个性的健康发展。

（1）引导学前儿童自主确定游戏主题

游戏是儿童的内在需要而非外力强加。只有经过学前儿童自主选择的游戏，学前儿童才能真正全身心投入。只有学前儿童全身心投入，游戏才能发挥其应有的作用和价值。在角色游戏的过程中，学前儿童根据自己的经验、兴趣和需要，自由选择游戏的主题、材料、内容、情节和伙伴，自主展开、自发交流，充分发挥自身的积极性、主动性、独立性和创造性，这也正是角色游戏的根本价值所在。

（2）教会学前儿童分配游戏角色

学前儿童喜欢玩角色游戏主要是因为在游戏中可以扮演他感兴趣的各种社会角色。虽然学前儿童非常关注自己扮演什么角色，但由于自身发展水平所限，往往过多考虑个人愿望而不善于分配角色，有时也会因为大家都想扮演某个角色或不想扮演某个角色而协商不成发生争执。

例如，几个小班的学前儿童在小椅子上玩开汽车的游戏，他们都想当小司机，并为此争吵起来，游戏还没开始便被迫终止。为了保证游戏的顺利开展，教师应该教会学前儿童一些分配角色的方法，如自己报名、推选、轮流等。经过教师的引导，学前儿童会逐渐学会如何较好地分配角色。这不仅可以提高学前儿童的游戏能力，也有助于学前儿童个性的健康发展。

（3）灵活转变角色

在游戏过程中，教师应给予学前儿童较多的游戏主动权，让其自由选择游戏主题、游戏材料、游戏伙伴,以充分发挥学前儿童的积极性、主动性和创造性。同时,教师还应注意观察学前儿童的游戏主题、游戏情节、选取的游戏材料、游戏行为等,了解学前儿童游戏水平、社会性水平的发展。教师在观察的基础上,还需要参与学前儿童的游戏,给予适时适当的指导。教师在指导学前儿童游戏时,还需要尊重学前儿童的个性差异性,通过多种形式,因人而异地实施指导。

【案例】

小小超市

中班的角色游戏开始好一会儿了,教师发现三个"营业员"站在"超市"门口无所事事,眼睛看着"娃娃家",手里一直无意识地拨弄着小玩具,而"超市"里的物品倒是琳琅满目,于是教师走进了"超市"。

教师提问:"超市游戏好玩吗?"

小明回答:"'娃娃家'很热闹,我们这里没人来,不好玩。"

教师提问:"为什么没人来'超市'买东西呢?"

小强回答:"他们大概太忙了。"

小红说:"我们送货上门好了。"

三个学前儿童热烈地讨论起来。不一会儿,小明找来一辆手推车,装上"货物"就出发。他一边走一边喊:"我给娃娃送牛奶来了。"

在这个案例中,教师通过观察发现"营业员"因没有对应的"顾客"玩伴而无法深入展开游戏,便立即引导学前儿童讨论和想象,使游戏情节有了突破,保证了游戏的顺利进行,充分体现了观察者—参与者—观察者的角色转换过程。

3.游戏结束环节的指导

游戏的结束环节既是本次游戏的结束,也是下次游戏的准备和起始。教师应重视游戏的结束环节。

(1)愉快地结束游戏,培养学前儿童对游戏的兴趣

使学前儿童愉快地结束游戏是组织指导角色游戏的重要环节。教师应注意以下三个方面:

一是在游戏时间快结束时,提前播放音乐提醒学前儿童,让学前儿童做好准备。

二是根据学前儿童游戏的实际表现,选取游戏结束的时机,最好是在学前儿童兴致降低但还保持游戏兴趣的时候。

三是注意游戏结束的形式,最好是以游戏的形式结束游戏,如"火车到站了""医院下班了""娃娃睡觉了"等。

(2) 引导学前儿童收拾游戏材料和场地，培养学前儿童良好的习惯

游戏结束后，教师应引导学前儿童收拾玩具、整理场地，这既可以使本次游戏完整结束，也为顺利开展下次游戏提供了必要的基础和条件，同时还可以培养学前儿童独立做事、善始善终的良好习惯。针对学前儿童不同的年龄特点，教师的引导应具有年龄差异性。培养小班学前儿童整理游戏环境的意识，应以教师为主，引导学前儿童并给予部分帮助；培养中班学前儿童整理游戏环境的能力，教师只是在必要时给予帮助；培养大班学前儿童独立整理游戏环境的能力，教师只是在必要时给予一定的督促。

(3) 评价游戏，丰富游戏经验，提升游戏水平

借助游戏评价，教师可以进一步了解学前儿童的游戏情况、丰富游戏情节、提高学前儿童解决游戏问题的能力。当然，并不是每次学前儿童游戏后都需要开展游戏评价，教师可以根据学前儿童游戏的具体情况灵活处理。有的游戏还可以在游戏过程中开展评价，如游戏开展一段时间后学前儿童注意力不集中或者学前儿童之间发生冲突时。

4. 游戏延伸的指导

一个完整的角色游戏还应包括延伸的环节，设置活动延伸应满足以下几个方面的需要：

(1) 进一步实现游戏目标

如果游戏结束时，游戏的目标没能完全实现，教师可设置延伸环节，进一步实现教育目标，这样也让游戏更完整。如"我的好妈妈"游戏的目标是"让学前儿童体会妈妈的辛苦"，虽然学前儿童在游戏中通过扮演妈妈，对妈妈的日常劳动有所了解，但为了让学前儿童深切体会妈妈的辛苦，教师可以在活动延伸中设置"让学前儿童回家和妈妈一起做家务"的内容。

(2) 加强家园联系

教师可以鼓励家长参与幼儿园活动，将角色游戏延伸到家庭。如在"小熊做客"的游戏中，学前儿童基本掌握了做客的基本礼貌，教师可以建议家长带孩子到别人家做客，帮助学前儿童熟练掌握做客的基本礼貌，这样既可以让家长了解学前儿童在幼儿园的学习内容，还密切了亲子关系，也保证了幼儿园教育的有效性。

(3) 照顾学前儿童情绪

游戏结束时，如果学前儿童的游戏情绪还很高涨，立即结束游戏会让学前儿童感到很扫兴，甚至会打击学前儿童参与游戏活动的积极性，教师可以通过游戏延伸，满

足学前儿童的需要。例如，教师宣布"小医院"游戏要结束了，部分学前儿童抱怨还没有玩够，教师便可在自由活动的时候，为学前儿童创设"医院"的场景，让感兴趣的学前儿童继续游戏。

在角色游戏中，主题的确立、材料的提供、环境的创设、游戏的开展及评价都是教师在充分尊重和发挥学前儿童游戏的主体性的基础上与学前儿童共同完成的。

5.各年龄段角色游戏的指导重点

学前儿童的游戏水平具有年龄差异性。在角色游戏中，小班学前儿童以模仿为主，大班学前儿童则以创造为主。教师应针对学前儿童的年龄特点和游戏水平，有侧重点地进行指导。

（1）对小班角色游戏的指导

特点：小班学前儿童处于独自游戏、平行游戏的高峰期，主要与游戏材料发生联系，与伙伴之间的交往少；角色意识不强，对操作游戏材料或模仿成人动作比较感兴趣；游戏主题单一、情节简单。

指导：鉴于小班学前儿童的游戏内容主要是重复操作游戏材料，教师的指导重点便在于如何使用游戏材料。教师应根据学前儿童的游戏特点和社会经验为学前儿童提供种类少、但同一种数量较多的成型玩具，避免学前儿童因互相模仿而争抢玩具，同时满足学前儿童平行游戏的需要。教师要以游戏者的身份介入游戏，培养学前儿童的规则意识，让学前儿童逐渐学会在游戏中进行自我管理。在游戏中，教师要以适宜的方式进行游戏评价，以丰富学前儿童的游戏经验。

（2）对中班角色游戏的指导

特点：中班学前儿童的认识范围不断扩大，游戏的内容与情节较小班更为丰富，处于联合游戏阶段，游戏主题丰富，但不稳定，会经常更换，在游戏中也时常有频繁换场的现象；希望与别人交往，但欠缺交往技能，常与伙伴发生冲突；角色意识较强，能够按照自己选定的角色开展游戏。

指导：教师的指导重点是引导学前儿童解决游戏冲突。教师应结合学前儿童的社会经验，为学前儿童提供丰富且富有变化的游戏材料，鼓励学前儿童不断丰富游戏主题；仔细观察并认真分析学前儿童发生冲突的起因，以游戏者的身份介入游戏，指导游戏；通过与学前儿童共同讨论等形式进行游戏评价；指导学前儿童在游戏中逐渐掌握社会规则和交往技能，逐渐培养学前儿童独立解决问题的能力。

（3）对大班角色游戏的指导

特点：随着对社会生活认知的不断积累，大班学前儿童的游戏经验十分丰富，其所进行的游戏主题新颖，内容多种多样，游戏中所反映的人际关系较为复杂。大班学前儿童处于合作游戏阶段，喜欢与伙伴共同游戏，能按照自己的愿望主动选择游戏主题，并有计划地开展游戏，在游戏中独立解决问题的能力较强。

指导：教师应引导大班学前儿童一起准备游戏环境，侧重语言引导，培养学前儿童的自主性；认真观察游戏，给学前儿童提供必要的条件和机会以及适当的引导；允许并鼓励学前儿童在游戏中进行创造，培养学前儿童的创造性；通过多种形式开展游戏评价，让学前儿童在分享中取长补短、拓展思路。

二、表演游戏的组织与指导

表演游戏是指通过扮演文艺作品中的角色，再现文艺作品内容的游戏。表演游戏可以培养学前儿童的想象力和创造力，加深学前儿童对故事的理解，激发学前儿童的兴趣，发展学前儿童的口语表达能力，并能培养学前儿童活泼开朗的性格，促进学前儿童集体观念的形成。

（一）表演游戏的特点

1.表演游戏重游戏而轻表演

表演游戏与戏剧表演的根本区别在于，表演游戏是学前儿童自己自娱自乐的活动，学前儿童只是因为有趣好玩而玩，他们并不是在为观众表演。

例如，在北京海淀区的一次教研活动中，有将近20个成人散坐在教室周围观看学前儿童活动。但是，在长达2个小时的（包括制作道具、使用道具）表演游戏活动中，学前儿童非常专注投入，根本不在乎有人在看他们。"目的在于自身"并"专注于自身"是游戏活动的本质特点。

因此，应当把幼儿园的表演游戏的性质定位于游戏而不是表演，幼儿园的表演游戏应当有别于戏剧表演。正是这种游戏性使表演游戏归属于游戏而不是表演。如果缺乏游戏性，表演游戏就将失去其作为游戏活动的本质属性。

2.表演游戏兼具游戏性和表演性

表演游戏区别于其他类型的游戏活动的特殊性在于它兼具游戏性和表演性：表演游戏以故事为依据的特点决定了表演游戏的表演性。从选择和确定所要表演的故事或作品的那一刻起，表演游戏就已经有了一个规范游戏者的框架。在游戏的过程中，学前儿童会自发地在头脑中将自己的言行与故事情节、人物联系起来，故事作为"脚本"规范着学前儿童的行为，成为学前儿童行为表现的框架和评价自己和他人游戏行为的尺度。正是基于故事或作品的再现要求构成了表演游戏的表演性，而且也正是这种表演性构成了表演游戏区别于其他类型游戏的根本特征。表演游戏如果缺乏表演性，也就缺乏了它自身作为一种游戏类型独立存在的依据。因此，表演性对于表演游戏来说，也是它不可或缺的特性。兼具游戏性和表演性正是表演游戏不同于其他类型游戏的特点。

（二）表演游戏组织和指导的要点

1.协助学前儿童选择游戏主题

学前儿童的表演游戏，题材主要来自教师所讲的童话、故事、寓言等文学作品和所教的儿歌和歌曲等。并非一切学前儿童文学作品都适于学前儿童表演。适于进行表演游戏的作品，应具有下列特征：

（1）思想健康

作品首先要具有健康活泼的思想内容，情节曲折、紧凑，角色的性格鲜明并为学前儿童所喜爱。只有作品内容符合学前儿童的生活经验，学前儿童才能在表演中发挥创造性。教师要与学前儿童一起仔细理解作品的内容，准确把握角色的性格。

（2）表演性突出

供学前儿童表演的作品要有一定的情境和戏剧成分，即有一定的场面和适当的表演动作。适合小班表演的作品最好只有一个场面，如《拔萝卜》的场面只是菜地。适合中、大班表演的作品场面也不宜过多，有集中的场景、简单的道具，还要易于布置，可以利用现成的桌椅、大型积木、胶粒拼图及实物等。

供学前儿童表演的作品还应具有明显的动作性。小、中班应选择简单的、有重复动作的作品。例如，在作品《拔萝卜》中，角色出场时的动作虽然各异，但拔萝卜的动作是相似的、重复的，便于小、中班学前儿童掌握。为大班学前儿童选择的作品也要注意其可表演性。

（3）情节起伏

作品的情节主线要简单明确，不要过于复杂，以便学前儿童理解和记忆。但故事情节要有起伏，情节的发展节奏要快，变化要明显，重点突出，脉络清晰，这样才能吸引学前儿童，并易于表演。

例如，作品《小红帽》有起伏的情节，变化明显，对学前儿童具有很大的吸引力。而那些情节发展缓慢、言语陈述过多的作品则不适用于学前儿童表演。

（4）对话丰富

作品中要有较多的对话，对话要简明并能与动作相配合，以便于学前儿童在表演中边说边做动作，增加表演的趣味性。例如，在作品《小兔乖乖》中，兔妈妈和小兔的对话、大灰狼和小兔的对话，都生动有趣，容易用动作表演出来。

符合上述要求，易于做表演游戏的童话故事有很多，如《三只羊》和《小熊请客》等。学前儿童不必刻意地背诵童话故事，因为美的语言、吸引人的情节、起伏的故事发展，这一切都有助于学前儿童迅速领会童话故事。只要教师用富有表现力的生动语言，带着表情和动作反复地向学前儿童讲述童话故事，他们就能很好地记住童话故事，并产生表演的欲望。

2.为学前儿童提供良好的游戏环境

游戏环境是决定学前儿童能否顺利开展表演游戏的重要因素。教师可根据学前儿童平日所喜爱的故事角色，吸引学前儿童一起来准备玩具、服装、道具等，并把它们摆放出来，为学前儿童创设游戏环境，以激发和调动学前儿童表演游戏的欲望和积极性。表演游戏所需要的环境主要有舞台、服饰、道具等。

（1）舞台和布景

学前儿童表演的场景应力求简单。日常进行的表演游戏，或用小椅子、小桌子、大的积木围起来设置小舞台，或用标记分成"台上"和"台下"，或有一个较固定的表演区，如活动室的一角。舞台是表演游戏的场所，教师可以引导学前儿童在活动室或其他相对宽敞的地方创设一个相对固定的表演区。如果条件允许，教师可以在专用游戏室里创设面积相对较大的表演区。如果条件有限，教师也可以根据需要借用桌椅、积木临时搭建小舞台，如木偶戏舞台用一块幕布将操纵者遮住即可。

表演用的布景应简单、大方、经济实用，过于复杂的布景反而过多地吸引学前儿童的注意力，导致学前儿童精力分散，影响学前儿童表演的顺利进行。但同时表演的布景也要造型夸张、颜色鲜明，教师可以结合美工活动，让学前儿童一起设计、制作。

（2）服饰和道具

表演游戏的服饰和道具会影响游戏的生动性、形象性和趣味性，它们要能吸引学前儿童的注意力，激发学前儿童进行表演游戏的兴趣。教师要引导学前儿童根据作品要求和社会经验，尽可能用简单的服饰和道具表现角色形象。教师可以为学前儿童准备一些故事中常见的猫、狗、羊等动物的头饰，奥特曼、孙悟空等学前儿童喜欢的人物面具，以及胡子、眼镜、围裙等简单的道具。学前儿童可以根据角色要求和情节发展自己选配服饰和道具。服饰和道具应力求简便。服饰和道具的设计与制作应当是学前儿童表演游戏的组成部分。教师不要完全包办，要组织学前儿童在表演游戏中创设环境，制作布景、道具和选配服饰。对于学前儿童来说，这些工作也是一种愉快的游戏。服饰与道具并不一定要购买高级材料制作，可以用儿童的各种主题玩具代替，或者和美工活动相结合，自己制作。

虽然道具和服饰是表演游戏十分必要的物质条件，但学前儿童的表演游戏应体现自由性和灵活性，可随时随地进行表演，不受道具的限制。过于复杂、真实的道具会限制学前儿童表演的积极性和创造性。当道具不足时，教师还可以引导学前儿童用象征性的动作去表现，如"过河""爬山"均可用动作加语言表示，这样学前儿童会感到十分满足，因为他们更关心的是自己能以角色的身份说话和动作。

总之，表演游戏的舞台、布景、服饰和道具都应当简单、方便、实用，不一定都要购置现成的物品，教师可以充分利用学前儿童现有的游戏材料，同时因地制宜地利用废旧物品进行设计和改造。教师不要包办代替，要充分信任学前儿童的能力，把设计和制作看成学前儿童表演游戏的组成部分，充分发挥学前儿童的积极性、主动性、创造性，组织和引导学前儿童创设游戏环境、制作游戏服饰和道具，发展学前儿童的想象力和动手能力。教师还可以对学前儿童的设计和制作成果展开讨论和评价，在评价中引导学前儿童互相学习、取长补短，在提高学前儿童的设计水平的同时促进学前儿童社会性的良好发展。

3.指导学前儿童分配角色

学前儿童都喜爱故事中的主人翁，往往愿意扮演主角。教师要引导学前儿童认识到表演每一个故事，都需要各个角色的协调配合，主角、配角或是正面角色、反面角色都是表演中不可缺少的，使学前儿童能满腔热情地对待自己所担任的角色。

分配角色时，教师要尊重学前儿童的意愿，基本上由他们自己选择，但应使学前儿童懂得轮换担任角色的必要。能力强的学前儿童担任主角是可以的，特别是那些新的游戏，先让能力强的学前儿童担任主角能使游戏顺利进行。但教师也应鼓励和帮助能力弱一点儿的学前儿童勇于担任主角，特别是当他们主动要求时，教师更应给予支持。

在小班可由教师指定角色，也可由学前儿童自报。在中、大班则应逐渐由学前儿童自己协商分配角色，因为他们已能照顾到伙伴的兴趣和愿望，能够用猜拳、轮流等方式解决冲突。教师不要强迫学前儿童扮演他们所不愿扮演的角色，否则既会挫伤他们的积极性，又会使他们在游戏中不能尽情表演。对个别只想当主角的学前儿童，教师需教育引导，使他愿意担任配角。

教师对中、大班学前儿童的指导应以充分发挥学前儿童的主动性为主，鼓励学前儿童按照自己的意愿进行表演。表演时，当学前儿童出现忘记某些情节和对话，以及动作表情或行动与角色特征不符等情况时，教师可悄悄地用语言或动作给予提示帮助，切忌在表演过程中对学前儿童的表演横加干涉，随意打断或在旁边不停地喊叫指挥，使学前儿童的表演完全处于被动状态，以致失去了游戏本来的意义。

4.指导学前儿童表演的技能

（1）引导学前儿童观察、表现和交流

学前儿童由于缺乏丰富的感性经验，在表演中常常不能很好地表现人物的主要特征。对此，教师要积极引导学前儿童进行观察、表现和交流。例如，在表演《三只蝴蝶》的过程中，扮演蝴蝶的孩子落在花上就放下翅膀不动了，教师发现后没有简单地说明正确的动作，而是带着学前儿童来到花园观察蝴蝶落下时翅膀的姿态，孩子们经过观察发现，原来蝴蝶停下来时翅膀是合拢的，扮演蝴蝶的孩子还将两只胳膊背在身后做出了动作，在后来的表演中孩子们扮演的蝴蝶都很出色。

（2）教师示范表演

教师经常把故事、童话、诗歌等作品以戏剧、歌舞、木偶、皮影戏等形式，向学前儿童作示范性表演，这不仅可以激发学前儿童表演的欲望，还可以帮助他们积累丰富的表演素材，学习各种表演技巧。教师的示范表演可以在全园的娱乐活动中进行，也可以在日常游戏活动中进行。这种表演有时需要几个人合作，几个班的教师可以合作表演。

（3）教师与学前儿童共同表演

教师可以参与表演游戏，在游戏中担任某一角色，和学前儿童一起演出。教师和学前儿童一起表演具有两方面的作用：其一是带有示范性，给学前儿童以启示，让学前儿童模仿；其二是用提问、建议的方法，组织学前儿童讨论，以启发、帮助学前儿童理解作品内容，让他们用自己创造出来的、生动形象的语言和动作表达作品内容，并肯定学前儿童的创造成果。

（4）利用学前儿童的生活经验，对学前儿童进行表演技能训练

表演技能，指表演中必须运用的语言表达、歌唱表演、形体与表情动作及木偶和皮影的操作技能等。学前儿童虽然从全身心的投入中感到满足，不在乎有无观众欣赏，但并不是说学前儿童的表演技能就不重要了，因为文艺作品中的内容和情节需要借助一定的表演技能才能得以再现和展示。培养和提高学前儿童的表演技能是表演游戏的重要保障。学前儿童在表演游戏中最基本的表演技能有以下几种：

①口头语言的表达技能

表演游戏中的大部分角色的形象主要是通过语言来表现的。语言表演技巧表现在对语调的处理上，即通过声音的轻重、快慢、高低和停顿等变化去表现人物的思想感情。例如，狐狸的声音又尖又细带着狡猾的色彩，小熊的声音笨重而缓慢透出老实憨厚的特点等。

教师要分步骤指导：

首先，要让学前儿童能大胆地把角色的语言表达出来；

其次，要让学前儿童能较清晰、流畅地用普通话表演；

最后，要让学前儿童能运用自己的语调来表达思想感情，让学前儿童在理解领会作品的前提下，通过具体的练习和实际操作，逐步提高口头语言的表达技能。

②歌唱表演技能

歌唱表演技能包括用自然好听的声音歌唱，不大声喊叫，音调准确，吐字清晰，能根据乐曲的快慢、强弱等变化有表情地演唱。在表演游戏中，教师应指导学前儿童歌唱要吐字清晰，旋律曲调要准确，快慢音量要适度，表情要符合角色的要求。例如，在《小兔乖乖》中，妈妈唱的歌与大灰狼唱的歌虽然歌词一样，但他们的语气、声调、表演是绝对不同的。学前儿童只有具备较强的歌唱表演技能，才能将文艺作品的内容生动形象地表现出来。

③形体表演技能

在表演时，学前儿童的步态、手势、动作需要比日常生活中的夸张一些，使表演有一定的舞台效果；各个角色因其特点不同，还要求学前儿童在表演游戏中能恰当而准确地把握。例如，作品《下雨的时候》中有三个角色，小白兔上场用"蹦跳"，小鸡上场用"点头踏点步"，小猫上场用"交替步"和双手"捋胡子"的动作。教师在指导学前儿童表演时，可以要求他们动作幅度稍大些，并带点夸张，以充分表现各自的角色特点。

这些表演技能，教师可以在游戏时对学前儿童进行训练。在进行表演技能训练时，教师要利用好学前儿童的生活经验。

5. 启发并尊重学前儿童创造性表演

表演游戏本身带有自发性和创造性，它以文艺作品的内容情节为依据，借助想象创造性地反映文艺作品的内容。学前儿童在表演游戏中不是简单、机械地直接再现作品，而是运用已有的知识经验，经过头脑加工，增减作品中的角色或情节、改变人物的对话等。这些都是学前儿童创造性的表现，教师应鼓励和指导学前儿童在原作品的基础上进行合理的创新。

学前儿童表演创造性的发挥往往建立在对作品理解的基础上，学前儿童只有充分理解了作品，才有可能去表现去创造。教师不能让学前儿童有一种完成教师交代的游戏任务的心理，按部就班地为游戏而游戏，而应该在表演游戏中充分发挥学前儿童的主动性。学前儿童可以根据自己的生活经验进行自编自演的创作活动。教师也可以专门组织创作活动。例如，教师指定了2~3个小动物，要求学前儿童据此编一个故事，并将故事表演出来。于是，孩子们分组设计、表演，然后互相观摩，最后教师将各组的作品综合在一起，加工成为一个较完整的作品。这种创作游戏活动，以平时的看图说话、看图编故事为基础，一般在大班进行。

6. 引导学前儿童积累社会经验，提高表演水平

文艺作品来源于社会生活，对周围社会的认知程度会影响学前儿童对作品内容和情节的把握以及对作品角色的演绎。社会经验的丰富程度会直接影响学前儿童的表演水平。因此，教师应注意在日常生活、教育活动以及游戏活动中丰富学前儿童的社会经验，不断提高学前儿童表演游戏的水平。

另外，教师应用提问、建议等方式引导学前儿童顺利演出，并对学前儿童的演出加以评价，提出改进的意见。教师的提问和评价能使学前儿童的表演获得成功，并能起到激励学前儿童创作和表演的作用。

7. 对中、大班学前儿童表演游戏的指导

小班学前儿童的年龄较小，表演游戏的水平较低，因此这里我们主要阐述对中、大班学前儿童表演游戏的指导。

（1）对中班学前儿童表演游戏的指导

特点：中班学前儿童可以自行分配角色，但角色更换的意识不强；游戏的目的性差，需要教师一定的提示才能坚持游戏主题；游戏的计划性差，展开游戏需要较长的时间；以一般性表现为主，以动作为主要表现手段。

指导：教师应为中班学前儿童提供适宜的游戏时间和空间，并注意材料的结构化程度。学前儿童的表演游戏需要一个安全、有趣的环境，因此教师要为学前儿童准备封闭或半封闭的空间，这个空间最好在一定时间内是固定的，给学前儿童认同感和安全感。教师要保证学前儿童有不少于30分钟的游戏时间。教师为中班学前儿童提供的材料要简单易搭，不能是那种需要学前儿童花很长时间和很大精力才能准备好的材料。另外，材料种类过多会对活动造成干扰，所以材料以2~4种为宜。

在游戏最初的开展阶段，教师要帮助学前儿童做好配组工作，讲解角色更换原则。教师不要过多干预学前儿童的游戏，不要急于示范，要耐心等待学前儿童协商、讨论，提醒学前儿童坚持游戏主题。在游戏开展阶段，教师应帮助学前儿童提高角色表现意识，适当参与学前儿童的游戏，为学前儿童提供适当的示范。

（2）对大班学前儿童表演游戏的指导

特点：大班学前儿童能独立完成角色分配任务，并有很强的角色更换意识；游戏的目的性、计划性较强，能自觉表现故事内容；具有一定的表演意识，但尚待提高；具备一定的表演技巧，能灵活运用多种表现手段，但表演水平尚待提高。

指导：教师可以为大班学前儿童提供较多种类的游戏材料以鼓励和支持他们进行多样化探索。在游戏的最初阶段，教师除了提供时间、空间和基本材料外，应尽可能少地干预。随着游戏的展开，教师应该及时为学前儿童提供反馈，增强学前儿童表现故事、塑造角色的能力。对于大班学前儿童来说，教师反馈的侧重点应在如何塑造角色上。教师要帮助学前儿童运用语气语调、夸张的动作、生动的表情来塑造角色。

第三节　结构游戏的组织与指导

一、结构游戏的特点

（一）结构材料是游戏的基础

结构游戏离不开各种各样的结构材料，结构材料是学前儿童开展结构游戏的基础。在结构游戏中，学前儿童利用各种材料按自己的愿望和想象进行构造，从而增进对事物的认识，发展想象力和创造力。按提供的材料分类，结构游戏基本可以分成以下类型：积木游戏、积竹游戏、积塑游戏、金属构造游戏、拼棒游戏、拼图游戏、玩沙游戏、玩水游戏、玩雪游戏。

（二）造型艺术是结构游戏的灵魂

结构游戏是一种以结构材料为素材的造型艺术活动。因此，要顺利进行结构游戏，学前儿童必须具备艺术造型的简单知识与技能（如造型的对称、平衡、色彩、大小比例、空间位置等）。

二、结构游戏的指导

（一）引导学前儿童认识建构材料

教师应引导学前儿童认识和了解建构材料的形状、颜色、大小等特征，熟悉材料的操作方法，使学前儿童会选用建构材料去构造物体，会灵活使用材料。

（二）丰富学前儿童的相关经验

教师在日常活动中要注意丰富学前儿童的生活经验，积极培养学前儿童仔细观察周围事物的习惯。教师可以从日常生活中学前儿童经常接触的、熟悉的物品入手，引导学前儿童观察物体的主要特征、建筑中的造型美，观察其形状、结构特征、组合关系与色泽特点。对周围物体和建筑物的形状、结构的观察体验，不仅有利于学前儿童在游戏中通过构造，真实再现生活中的物体，更能促进学前儿童触类旁通地对建构的物体进行加工创造。总之，学前儿童脑海中积累的感性物象越多，学前儿童构造的表现力、创造力就越强。

（三）引导学前儿童掌握基本构建技能

教师应引导学前儿童学会积木的排列组合（铺平延长、对称排列、架空盖顶、间隔堆积等）、积塑的插接镶嵌（整体连接、交叉连接、端点连接、围合连接、填平组合等）、穿珠（单线交叉、单线循环、多线分合等）、编织、黏合造型等技能，这是学前儿童构造物体的基础。在活动中，教师要注意引导学前儿童认识各种积木的形状、颜色、大小等，摸索各种材料的多种使用方法。例如，教师可以采用"铺路"的形式引导学前儿童学习铺平和延长的技能；用搭建"房子""幼儿园""花园"等引导学前儿童学习合围技能；用搭"梯子""门楼"等引导学前儿童初步掌握平衡要领。教师还可以鼓励学前儿童用辅助物进行装饰，引导学前儿童在建筑中将有颜色的一面对着自己，帮助学前儿童形成左右对称的概念。

（四）注重培养学前儿童良好的游戏行为

学前儿童应遵守必要的游戏规则（材料轻拿轻放、需要多少材料取多少、剩余材料及时归还等），学习收拾、整理建构材料，保护自己和他人的建构成果，在集体构造中学会分工合作，共同完成任务。

三、对各年龄段学前儿童结构游戏的指导

（一）对小班结构游戏的指导

特点：小班学前儿童在结构游戏中对建构的动作感兴趣，没有一定的目的，只是无计划地摆弄结构元件，常常喜欢把结构元件垒高然后推倒，不断重复，从中体会乐趣。在成人的指导和示范下，小班学前儿童能初步完成作品。但小班学前儿童由于手指力量不够，所拼插的作品牢固性差，对颜色的选择较随意，对大型作品缺乏耐心，主题很不稳定。

指导：

1.引导学前儿童认识结构材料，有意识地搭建简单的物体让学前儿童看，给他们提供模仿的机会；带领他们参观中大班学前儿童的结构活动，引起学前儿童对结构活动的兴趣。

2.为学前儿童安排场地，准备足够数量的结构玩具。

3.在游戏中指导学前儿童学习基本的结构技能，建构简单的物体。

4.设立简单的规则，如爱护材料等。

5.教给学前儿童整理和保管玩具的简单方法，使学前儿童学习整理玩具，培养学前儿童爱护玩具的习惯。

（二）对中班结构游戏的指导

特点：中班学前儿童进行结构游戏的目的比较明确，并且能初步了解结构游戏的计划；对操作过程有浓厚的兴趣，关心结构成果；能围绕构造物开展游戏，会按主题进行构建，初步利用材料美化结构物；能独立地整理玩具。

指导：

1.丰富学前儿童的生活经验，增加学前儿童对事物结构造型方面的知识。

2.引导学前儿童学习设计结构方案，有目的地选材进行构造。

3.可采用示范、讲解相结合的方法，也可用建议和启发的方法，指导学前儿童掌握结构技能并运用技能塑造物体。

4.鼓励学前儿童独立地进行创造性的建构活动。

5.组织结构活动小组（3~4人）进行集体建构活动，引导学前儿童共同讨论、制订方案，进行分工，友好合作。

6.组织学前儿童评议结构成果，鼓励他们独立地、主动地发表意见，促进学前儿童语言表达能力和创造性思维的发展。

（三）对大班结构游戏的指导

特点：大班学前儿童进行结构游戏的目的性、计划性和持久性增强，建构内容丰富，使用材料增多，有一定的独立构造能力；能合作选取丰富多样的材料，围绕主题大胆动手尝试，灵活运用多种技能进行一定的设想规划，围绕主题进行较复杂的建构；希望自己的作品有新意，追求结构的逼真和完美。

指导：

1.丰富学前儿童的结构造型知识和生活印象，引导学前儿童为结构活动收集素材。

2.指导学前儿童学习表现物体的细节和特征，准确表现游戏的内容，使用结构材料和辅助材料美化构造物。

3.指导学前儿童制订计划（协商确定主题、商量结构步骤及方法、分工合作、确定结构规则等）。

4.重点指导学前儿童掌握并运用新的技能，帮助他们实现自己的构思。

5.教育学前儿童重视结构成果，欣赏自己及伙伴的作品，发展评价、分析自我以及别人的能力。

6.引导学前儿童参加人数较多、持续时间较长的大型结构活动，在活动过程中，教师不断鼓励学前儿童进行创造性思维并为他们提供材料，帮助他们克服困难。教师也可参加学前儿童的活动,与他们共同完成结构任务。

第四节 规则游戏的组织与指导

一、规则游戏的特点

规则游戏是两个以上的游戏者,按照一定的规则进行的一种游戏。规则游戏具有规定性、竞赛性和文化传承性等特点,是儿童游戏的高级发展形式。在这类游戏中,学前儿童的行为必须受规则的限制,按规则所要求的步骤、玩法进行活动,规则决定了游戏过程和结果的公正性。幼儿园常见的规则游戏主要包括智力游戏、音乐游戏和体育游戏。

规则游戏可由教师提供相应的材料和场地,让学前儿童自选进行。教师可以将规则游戏用于专门组织的教学活动中,以增强活动的趣味性,激发学前儿童的主动性,使游戏取得良好的效果。

二、规则游戏的指导

(一)游戏前的准备

1.选择和编制适宜的游戏

教师应根据教育要求及学前儿童的实际水平选编游戏。一方面,教师要根据教育的任务、要求选编不同类型的规则游戏,如发展学前儿童感知能力的游戏,训练注意力、记忆力的游戏,发展语言能力、运动能力、音乐能力的游戏等;另一方面,教师应顺应学前儿童的实际发展水平选择和编制游戏。

2.熟悉游戏的玩法及规则

教师在为学前儿童选编游戏后,必须熟悉游戏的玩法和规则,了解游戏的重点,思考组织游戏的方法,并反复试玩几次,以验证游戏的玩法和规则是否合理,为指导学前儿童游戏打下基础。

3.准备游戏的场地和材料

教师要根据游戏的内容,确定游戏的场地,选择游戏的材料。游戏的场地应尽可能宽敞,材料应尽可能丰富,可以人手一份,也可以每小组一份,让学前儿童有足够的活动空间,有足够的操作材料,减少学前儿童等待的时间,保持学前儿童游戏的兴趣。

(二)引导学前儿童掌握游戏规则

每一个游戏都有一定的规则和内容,学前儿童需要学会后才能玩,这就需要"教"。教师要用简单明了的语言和适当的动作示范,说明游戏的名称、玩法及规则,教会学前儿童玩游戏。教师可事先让个别学前儿童掌握,然后再让学前儿童之间相互学习,也可运用直观教具演示讲解游戏的玩法和规则。在游戏过程中,教师应着重指导学前儿童遵守游戏规则,保证游戏的顺利进行。

三、对各年龄段学前儿童规则游戏的指导

(一)对小班规则游戏的指导

特点:小班学前儿童的规则意识处在"动即快乐"的阶段。小班学前儿童对游戏中角色的动作、材料感兴趣,而且表现出以自我为中心,只对自己所做的事感兴趣,不会把自己的做法和想法与别人做比较。小班学前儿童不在乎游戏结果,也发现不了别人的违规,而且自己会破坏规则。

指导:教师要为小班学前儿童选择规则简单,通过使用实物、玩具和简单的动作

来完成的游戏；注意多让小班学前儿童体验游戏动作的快乐，激发学前儿童对游戏过程的兴趣；要在游戏过程中提出规则并提醒小班学前儿童遵守。

（二）对中班规则游戏的指导

特点：中班学前儿童已具有规则意识，能够遵守规则并开始关注游戏的结果。这一阶段的学前儿童比较喜欢互补性规则游戏。

指导：教师进行语言讲解时仍需结合动作示范，在游戏实践中提醒中班学前儿童注意遵守游戏规则，关注游戏结果，根据情况适当开展游戏竞赛。

（三）对大班规则游戏的指导

特点：大班学前儿童能理解规则对于比赛结果的重要性，规则意识强且特别重视游戏结果，喜欢竞赛性的规则游戏。大班学前儿童能很好地遵守游戏规则，并会关注其他学前儿童遵守规则的情况，发现违规者就会提出抗议，要求对违规者加以惩罚，因此游戏过程中的纠纷较多。另外，大班学前儿童还喜欢改变游戏情节、游戏规则以增加游戏的新颖性。

指导：对大班学前儿童，教师可以用言语讲解游戏，要求学前儿童独立地玩游戏，严格遵守游戏规则，争取最好的游戏结果；对游戏的结果进行评价，并可开展较为复杂的竞赛游戏，如打数字牌、棋类游戏等。

第六章 学前儿童游戏的观察与评价

第一节 学前儿童游戏观察概述

观察是各门学科研究的常用方法，也是学前儿童教育科学研究的基本方法。蒙台梭利曾指出，作为一名教育工作者，应该有一双敏锐的眼睛，一个不会观察的教师是绝对不称职的。了解学前儿童是教育学前儿童的前提，而观察则是了解学前儿童最常用、最普遍的方法。观察是游戏指导的基础和前提。学前儿童的游戏行为是学前儿童发展水平的反映。

一、学前儿童游戏观察的含义

观察是有目的、有计划、长期的知觉过程。通过观察，人们不仅能搜集到有关研究对象大量的感性材料，形成清晰、丰富、具体的感性认识；同时，由于观察过程中想象、思维等高级认识过程的参与，人们还能透过现象揭示研究对象的本质特性和客观规律。早期的儿童心理研究者，如英国的达尔文、德国的詹姆斯·普莱尔和中国的陈鹤琴等，正是通过长期的观察，发现了儿童身心发展的特点和规律。

学前儿童游戏观察是教育工作者在自然、真实的游戏情境中对学前儿童的行为表现进行感知、记录、分析的过程。游戏情境的自然性、真实性能为观察结果的客观性、科学性提供保证。通过对学前儿童游戏的观察，教师可以获取关于学前儿童游戏的丰富信息,如学前儿童喜欢的游戏类型,学前儿童喜欢的玩具和游戏设备,学前儿童喜欢的游戏空间,学前儿童乐于参与的游戏主题,学前儿童与同伴、教师互动的方式,学前儿童在游戏中表现出来的认知与社会性等。游戏观察所获得的这些丰富、翔实、客观的信息资料,能在学前教育中产生多方面的教育意义。

二、学前儿童游戏观察的意义

(一)学前儿童游戏观察是了解学前儿童的最佳途径

游戏是学前期的主导活动,是儿童最喜爱的活动形式。在游戏中观察是最直接地了解、研究儿童的办法。由于成人的指导、干涉相对较少,在游戏中儿童可以自由地活动、自由地交往,身心处在极为自然、放松的状态,此时儿童的外显行为是其身心状况的"真实写照",这样的行为表现最能昭示其身心状况和特点。因此,通过游戏的观察,教师不仅能把握儿童的身体机能状况,更能了解他们的情绪、情感以及社会性等方面的发展水平。如果说前者还可通过其他活动获得,而后者却只能在游戏中、在儿童的自由活动中得以把握。

教师运用不同的观察方式可以更全面地了解儿童。教师应在日常活动中时刻观察,敏锐地发现学前儿童的学习兴趣和需要,然后以此为依据,及时组织和指导学前儿童开展相应的学习活动。在游戏过程中,教师应进行班级整体扫描式观察,观察学前儿童的表情、言行,判断他们是否处于积极主动的活动状态,判断空间材料是否满足学前儿童的活动需要。教师还要在游戏中有重点地个别观察,注意小组或个别儿童的特定需要,清晰把握儿童的个性特点和能力差异,适时适度地为其发展提供帮助。

(二)学前儿童游戏观察是有效指导游戏的前提

儿童是游戏的主角,一般而言,游戏的主题、玩法等应由儿童自己商定,但由于知识、经验、规则意识、交往能力等方面发展水平的限制,儿童的游戏又常常需要教师的指导。通常情况下,教师的指导是保证儿童游戏正常进行的必要的外部条件。游戏是教师了解儿童学习兴趣和需要的最好窗口。通过适宜的观察,教师才能结合对儿童学习特点、需要与兴趣的了解,把握介入游戏的时机,选择恰当的指导方式,实施有效的指导策略。在游戏的过程中,教师的指导一般表现为:创造一定的游戏条件,如时间、空间、玩具材料等；在儿童商定游戏规则、分配游戏角色时给予必要的建议；在儿童出现矛盾、游戏暂停时给予必要的调节。所有以上"指导"赖以实施并取得实效的前提是教师对儿童游戏的认真观察，以及在此基础上对儿童参与游戏各方面情况的全面把握。因此，观察是教师有效指导学前儿童游戏的前提。

（三）学前儿童游戏观察是正确评价游戏的依据

游戏评价的主要内容来自学前儿童在游戏中的真实表现，来自游戏中发生的客观事实，而真实表现和客观事实的获得必须依靠观察。因此，教师通过游戏观察所获得的有关学前儿童游戏的具体、翔实的信息资料，便构成了评价游戏的客观依据。教师只有认真观察学前儿童游戏，才能及时地发现游戏中的问题，进而找出解决问题的有效方法，推动游戏的顺利进行。同时，只有建立在游戏事实基础上的评价，才是客观的、有效的、积极的评价，也只有这样，才能避免评价主体凭主观意愿进行不切实际的空洞说教。

（四）学前儿童游戏观察是改进游戏活动的基础

新颖性、童真性、趣味性是游戏的生命。追求游戏的不断改进与创新，充分发挥游戏的娱乐和教育功能是幼教工作者的职责之一。通过全面的游戏观察，教师可以及时地满足和拓展儿童的生活经验，不断调整不足，为儿童提供充分的游戏条件，有效地推动游戏的进程。为此，教师必须全身心地参与到学前儿童的游戏之中，全面把握游戏中出现的各种问题，并在认真分析的基础上找出引发问题的原因，找到解决问题的有效策略。

三、学前儿童游戏观察计划的制订

观察儿童游戏涉及观察计划的制订、方法的选择和内容的确定等多方面的问题，这些工作的质量既影响观察过程的规范性和效率，也制约观察结果的科学性和可靠性，必须引起幼教工作者的高度重视。观察计划是观察者根据需要对观察目的、内容、过程、记录方式等做出的预先设计与安排。观察计划的制订对保证观察的条理性、规范性，提高观察的效率有非常重要的作用。

具体的观察目标指引着观察计划的制订。观察目标是要观察什么和完成什么的表述，是观察的全部意图，应根据不同的观察目标，做好观察计划的制订。观察计划的制订涉及对象的选择、内容的确定、标准的选定、记录方式的设计与选用等多方面工作，具体内容如下：

（一）选择观察对象，明确观察环境

选择观察对象主要是解决把哪些儿童作为感知的中心的问题。通常情况下，观察的对象是个人还是团体，要根据观察目的来决定。由于感官范围和能力的限制，教师难以在同一时间内观察大量的对象，而只能有选择地把其中一部分置于感知的中心。否则，观察对象过多，易使教师目不暇接、手忙脚乱，造成重要信息的遗漏。在游戏过程中，教师每次宜选择2～3名学前儿童作为观察对象。观察对象的选择宜结合本班学前儿童的情况，重点观察那些典型的、有代表性的、对游戏进程和效果有显著影响作用的学前儿童。

此外，观察环境的选择也很重要。教师在什么地方（场所、情境）进行观察，在什么活动中进行观察，与被观察者之间是否有距离，这个距离对观察的结果有什么影响，等等。对这些问题的全面考虑将使教师能够制订出适宜的观察计划。

（二）确定观察内容，明确观察重点

观察内容是观察计划的重要组成部分。确定观察内容的过程本质上就是确定把学前儿童游戏过程中的哪些事物列入观察范围的过程。观察内容的选择是观察的要点，主要包括：学前儿童的兴趣点，学前儿童喜欢的游戏主题、内容和玩具材料等；学前儿童的行为类型，学前儿童在游戏中的言谈举止，遇到了什么困难，是否解决，如何解决等；学前儿童与环境、同伴的互动情况，学前儿童通常和谁一起玩，认知经验和社会性水平哪些方面有了进步，还存在哪些问题等；学前儿童的情绪体验、学前儿童是否遵守游戏规则；影响学前儿童行为的因素，给学前儿童提供的游戏时空是否合适，材料的投放有没有问题等。

对游戏主题的观察涉及学前儿童已有的游戏主题和新出现的主题两个方面。若学前儿童在游戏过程中生成与近期教学内容相关的新游戏主题，教师就应将其作为观察的内容。游戏材料主要包括已有的材料、新投入的材料和环境创设等。对游戏材料进行观察主要是为了把握学前儿童是如何与材料发生相互作用的，学前儿童之间怎样通过材料进行交往，以及环境的创设对学前儿童有何影响等。行为习惯方面的观察内容

主要包括日常生活常规和学前儿童间相互交往的规则。

不同年龄段的学前儿童的游戏能力和水平不尽相同。因此，不同年龄段的学前儿童在游戏中的表现具有差异性，这也要求教师在观察过程中有所侧重。小班学前儿童多处于平行游戏阶段，满足于操纵、摆弄物品，因此小班游戏观察的重点在于学前儿童使用游戏材料方面的情况。随着生活经验的积累和认知能力的发展，中班学前儿童游戏的情节较小班丰富，进入游戏的角色归属感阶段。此时的学前儿童虽然在游戏中表现出一定的角色意识，但也常出现扮演一个角色时总想做多种角色的事情的情况。同时，由于交往技能的欠缺，想与人交往，但不能较好地运用交往技能。因此，中班游戏观察的重点宜放在学前儿童之间的冲突方面。随着生活范围的进一步扩大及认知、运动、交往等多方面能力的增强，大班学前儿童不断产生新的主题，因新的主题与原有经验之间的不和谐而产生冲突，所以学前儿童如何在已有经验的基础上创新游戏便成为观察的重点。同时，相互交往、合作、分享、解决矛盾也成为游戏观察的另一个重点。

（三）依据科学量表，确定行为标准

游戏观察的目的之一在于发现学前儿童在游戏过程中出现的问题，便于教师对儿童的游戏进行指导、帮助和调控，同时对儿童的游戏能力做出判断、识别。这便自然引出这样一个问题，即学前儿童在游戏中做出什么样的行为才是合适的。为此，在实施观察之前，教师必须了解学前儿童在游戏中应该具有什么样的正常行为。量表就是观察儿童游戏行为的良好工具。结合前人的研究成果，教师可以借鉴许多科学的量表来对儿童的行为进行有效观察与分析。这些游戏评价量表可以帮助教师和研究者理解儿童的游戏行为，了解儿童的游戏兴趣和需要，及时发现问题并予以有效的指导。不同的量表从不同的角度帮助教师了解儿童的游戏行为，采用什么量表取决于观察研究的目的。

下面简单介绍几种重要的游戏评价量表：

卡洛莱·豪威斯于1980年发表了考查儿童社会性游戏行为的同伴游戏量表。这个量表主要从两个角度考查儿童游戏水平：一是观察儿童在游戏中社会交往的复杂性；二是观察他们活动组织和综合的程度。豪威斯量表比较细致具体地将儿童游戏的社会性水平分为5个层次：简单平行游戏、具有成熟意识的平行游戏、简单社会性游戏、具有成熟意识的互补/互惠游戏、互补互惠的社会性游戏，见表6-1。

表6-1　豪威斯同伴游戏量表的观察记录例表

次数	孤独游戏	水平(1)	水平(2)	水平(3)	水平(4)	水平(5)	非游戏活动非游戏行为	教师参与	地点或使用材料
1									
2									

斯米兰斯基社会性主题角色游戏量表侧重评价形成高质量角色游戏的五个特点：角色扮演、假扮转换、社会性交往、口头交流和坚持性，更多地考查儿童在角色游戏中技能的运用，见表6-2。

表6-2　斯米兰斯基量表的观察记录例表

姓名	角色扮演	假扮转换 物体	假扮转换 行动	假扮转换 情境	社会性交往	口头交流 蜕变交流	口头交流 角色交流	坚持性
1								
2								
3								

（四）依据实际需要，选用恰当的方式记录

由于感知和记忆能力的限制，人们很难把大量转瞬即逝的信息直接存储在脑中。这就要求观察者运用更为快捷、高效的方式记录观察过程中出现的有价值的信息。为此，观察者可选用录音、录像等设备，也可根据观察目的、内容和项目设计一定的记录表格等。记录的目的是给教师提供有用的信息，帮助教师实施教育、评价学前儿童、开展教研和与家长沟通。

观察记录的对象首先是儿童本身，包括一般的或个别学前儿童的游戏态度、游戏水平、交往情况等；其次是游戏的环境，包括游戏的空间、时间的安排，材料的投放与使用情况等；最后是游戏的主题发展情况等。

记录的方式应根据教师的习惯、便利性来选择，不拘一格。记录可以用白描方式进行，对观察到的典型言行不加修饰地记录。记录的内容要信息全面、重点突出，如学前儿童的姓名、性别，记录的日期，游戏的背景，以及对事件的客观描述和观察的结果等，其中焦点放在对游戏的所见所闻的描述上。另外，对学前儿童行为发生的场景、周围人和事物等因素的影响也不能忽视，教师最好按照游戏情节发展的顺序记录。教师在记录观察现象后，应该对观察到的情形进行分析。总之，游戏观察的记录方式受观察目的、内容、观察者自身素质和所在单位物质条件等多方面因素的制约，

并与所选用的观察方法紧密联系。

第二节 学前儿童游戏观察的方法与记录分析

　　观察是理解儿童游戏行为的关键,也是成人促进儿童游戏发展的起点。基于此,对于一个教师而言,准确而又系统地观察儿童游戏是非常必要的。教师在游戏中的观察方式分为随机观察和有目的的观察。所谓有目的的观察,主要是根据事先设定的学前儿童各种行为的发展水平指标,进行有针对性的观察。不管采用何种观察方式,教师都应根据观察的需要在游戏前设计观察内容,确定目标儿童,或确定目标行为,以便通过观察分析确定有针对性的教育方案。教师只有通过观察,才能知道儿童游戏的空间、时间、游戏材料、伙伴、游戏内容等情况,才能决定是否需要介入游戏,以及以何种方式介入游戏并进行有效指导。不管是哪种观察方式,教师都需要选择运用合适的观察方法。

一、学前儿童游戏观察的方法

　　根据不同的观察目的,教师可采用不同的观察方法和手段。要想获得完整的、全方位的信息,重现观察情境,教师需要采用开放性的记录方法,如纸笔、录像、录音等。如果观察项目明确、单纯,是事先确定的行为,则采用封闭性观察记录方法,如量表、筛查表等。一般情况下,教师可以选用下列简便的方法进行游戏观察:

(一)扫描法

　　扫描法也称时段定人法,即观察者(主要指教师)平均分配时间,在相等的时间内对每个儿童轮流进行扫描观察。这种方法适合于了解儿童游戏的总体情况,一般多用于游戏的起始和结束环节,以便了解和把握以下情况:全班儿童游戏围绕哪些主题,每个儿童分别扮演了什么角色,使用了哪些游戏材料等。

运用扫描法进行游戏观察通常用表格记录观察结果,就是将所要观察的内容、项目预先制成表格,游戏开始后,根据游戏情况在相应的栏目下做出标记。这种记录方式简便易行,可重复使用,便于进行前后对比,体现出很强的实用性。例如,教师要了解学前儿童对不同主题游戏的喜欢程度,可设计如表6-3的观察记录表格。

表6-3　学前儿童参与游戏情况调查表

姓名	娃娃家	小超市	医院	美容院	xxx
学前儿童1					
学前儿童2					
学前儿童3					

使用以上方法时,教师轮流观察各游戏主题,观察时间为5分钟左右,对游戏过程中学前儿童参与情况以画记号的形式给予标示,以揭示学前儿童在游戏中的坚持性和对游戏主题的稳定性。同样地,这种表格经过内容调整,也可用来了解学前儿童对某种游戏材料的喜欢程度等。

又如,表6-4是观察、记录学前儿童游戏的社会性发展水平的表格。

表6-4　学前儿童游戏的社会性水平观察记录表

学前儿童水平	无所事事	旁观	独立游戏	平行游戏	联合游戏	合作游戏
1						
2						
3						
……						

教师运用表6-4观察记录学前儿童的游戏状况时,对每个学前儿童的观察时间为1～2分钟,根据学前儿童在游戏中的表现在相应的水平栏目内进行标记。教师将不同时间的观察记录情况联系起来进行对比便可发现学前儿童游戏社会性的发展水平和趋势,为指导和评价游戏提供重要的信息。

再如,表6-5是观察记录游戏场地使用情况的表格。

表6-5　游戏场地利用率观察统计表

场地	时间				
	星期一	星期二	星期三	星期四	星期五
娃娃家					
建构区					
表演区					
……					

对游戏场地使用情况的观察、记录和分析，能使教师把握各类场地的利用效率和学前儿童的兴趣爱好，从而为调整游戏主题和内容、合理安排游戏活动提供参考。

（二）定点法

定点法也称定点不定人法，即教师在游戏过程中固定在某一地点观察、记录所有进入该游戏区域学前儿童表现的一种方法。通过定点观察，教师可以了解学前儿童在游戏中使用材料的情况、交往情况以及游戏情节的发展等动态信息。此法适合于了解一个主题或一个区域学前儿童游戏的多方面情况。

定点观察需要事先确定好所要观察的游戏区域或范围，即进行"定点"，然后观察学前儿童在游戏中的行为表现，做好观察记录。定点观察通常采用实况详录的方法进行记录，即对自然发生的行为和事件的复制，将游戏过程中的主题变动、人员变更、游戏材料变化以及学前儿童的交往合作等多方面情况作尽可能全面、详细的观察、记录，然后对事实作分类和分析。显然，这种观察记录方法对教师的感知、记忆能力提出了很高的要求。记录要尽可能详细、全面，并且记录时应十分谨慎，不加自己的主观意见和评价。此外，教师也可以利用相机、摄像机、智能手机等辅助设备，事后根据视频、图片资料进行记录的补充。

总之，运用定点观察记录的方法，能使教师比较全面地把握一个主题游戏的开展情况，便于教师了解学前儿童已有的经验及其在游戏中的种种表现，从而保证游戏指导、评价的针对性、客观性，减少随意性和盲目性。

（三）追踪法

追踪法也称定人不定点法，指教师事先确定一两个学前儿童作为观察对象，相对集中地观察他们在游戏中的行为表现。这种方法有利于教师了解个别学前儿童的全面、翔实的信息，从而为确定其游戏发展水平、加强个别指导提供依据。

在运用追踪法观察游戏时，教师可采用实况描述法进行记录，即教师将所看到的学前儿童在游戏全过程中的活动情况，通过现场记录和事后回忆尽量完整、详细地记录下来。同时，教师在记录时可适当加入自己的评述、分析和对策。

教师观察游戏的主要目的是了解、把握学前儿童在游戏中的行为表现，从而为指导、评价游戏提供可靠、翔实的依据。因此，在游戏的观察记录过程中，除按以上方法的要点严格操作外，教师还应注意将观察的计划性与随机性、全面性与个别性有机结合起来。所谓计划性与随机性相结合，要求教师每次观察要有明确的目的性，突出观察的重点；同时，作为游戏主体的学前儿童绝不会为"迎合"教师的需要而做出相应的行为，其游戏的主题、内容、行为方式常常出乎教师的预料、设想。因此，教师必须根据游戏的具体情况，随时调整观察的重点。所谓全面性与个别性相结合，从游戏主体来看，要求教师既要面向全体学前儿童，还要兼顾个别学前儿童；从游戏主题来看，要求教师既要总揽全部游戏主题，还要关注个别游戏主题的进展情况，即处理好总体与局部、一般与个别、面与点的关系。

二、学前儿童游戏观察记录的整理

仅仅做好观察记录是不够的，如何分析与运用观察资料，有效地改进和指导儿童的游戏发展才是观察的最终目的。因此，教师要对游戏观察记录进行整理与分析。通常观察所获得的原始资料常常是散乱的，不便于分析研究，教师要及时对材料进行审查、分类、汇编。这一过程便是对观察结果进行整理的过程。教师要观察什么，就要记录什么，从中可以获得新的观察发现。记录可以有多方面和多层次的目的，其最基本的目的在于它是观察的一个辅助环节，是观察的必要延续。记录的材料不仅仅是留作"展示"之用，更应当作为师幼互动的媒介和活动进一步发展的依据。记录的对象是游戏活动过程及其结果，其中包括学前儿童的各种作品、所搜集和使用的有关物品和材料、学前儿童在游戏过程中的言谈及行为表现的描述等。记录的主体既包括教师，也包括学前儿童。记录的形式包括图画、实物、照片、录音、录像、文字说明等。观察记录的类型是多种多样的，教师通常采用表格、文字、符号三种形式。

（一）表格型

扫描观察所获得的结果一般用表格形式记录，如表6-6所示。

表6-6　学前儿童参与游戏情况观察统计表（小一班，29人）

时间（分钟）	游戏人数			
	娃娃家	理发店	积木区	手工区
游戏前期（0～5）	10	5	4	10
游戏中期（10～15）	9	3	7	10
游戏后期（20～25）	16	1	4	8

（二）文字型

运用定点法和追踪法进行游戏观察，所获结果一般用文字记录。用文字记录观察结果要求措辞具体、明确、客观，从而全面、真实、清晰地呈现观察结果。

（三）符号型

在进行游戏观察时，为了保证结果呈现的直观形象，有时也采用符号、图形等方式记录观察结果。比如，为确定游戏场地的布置、布局是否合理，各游戏区域的使用效率和学前儿童变动情况，便可用平面图直观、形象地展示全貌。

三、学前儿童游戏观察记录的分析

观察游戏的角度对揭示学前儿童游戏的多方面特点和水平有显著的影响作用。在观察、记录、分析游戏的过程中，教师可选择从以下角度进行分析：

第一，游戏空间。游戏场地是儿童游戏活动的空间，是进行游戏不可缺少的条件。场地的大小、场地的位置、场地的结构、空间的密度等，都对儿童游戏产生影响。例如，游戏场地安排是否合理，有无浪费的地方或过于拥挤的区域；功能相通的区域是否相邻或相近；各场地之间是否有明显的通道等。

第二，游戏时间。游戏时间的长短会影响儿童游戏的质量。在较长的游戏时段（约30分钟）内，儿童有足够的时间逐渐发展出认知层次较高的游戏形式；而在较短的游戏时段（约15分钟）内，儿童没有足够的时间结伴游戏，不能相互协商、讨论或作进一步的探索，往往只从事一些认知层次较低的游戏形式（包括平行游戏、转换行为等）。一般而言，学前儿童一次游戏所需要的时间随学前儿童年龄的增长而递增。低年龄学前儿童一次游戏时间较短，在一日活动编排时可分时段安排。高年龄学前儿童一次游戏时间较长，在一日活动编排时可集中安排。低年龄学前儿童可陆续开始、陆续结束，高年龄学前儿童的游戏则可同时开始、同时结束。

第三，游戏材料。游戏材料是儿童用来玩的玩具和材料，对游戏的性质、内容等产生影响。学前儿童通过与材料的互动，扮演各类角色，推动游戏主题和情节的发展。因此，作为儿童游戏支持者的教师，应该时刻关注儿童游戏的进程，把握他们游戏的需求，随游戏情节的发展而更新、补充相应的游戏材料。为了支持学前儿童开展游戏，教师需要思考如何投放材料（投什么，投多少，何时投），根据学前儿童年龄特征、行为特点和游戏情况，及时、有序并合理地投放各种结构材料，使材料发挥出最大价值。

第四，游戏态度。教师应观察学前儿童在游戏中的情感体验怎样，是表现得乐此不疲、兴趣高涨，还是无所事事、闲逛、发呆，游戏中学前儿童是否表现出自娱性体验等。记录与分析学前儿童的态度，能使教师有针对性地调整游戏计划以有效促进学前儿童发展。

第五，游戏主题。教师应观察游戏中有哪些主题，这些主题是教师安排的还是学前儿童自发创造的，新主题是怎样产生的等。

第三节 学前儿童游戏的评价

游戏评价是依据一定的标准，对与学前儿童游戏相关的物质环境、时间安排、活动效果等进行描述并做出价值判断的过程。客观、准确的游戏评价对保证游戏的教育性、趣味性，促进学前儿童发展有着极为重要的意义。

一、学前儿童游戏评价概述

（一）学前儿童游戏评价的含义

游戏评价是教育评价的一个特殊领域。要弄清游戏评价的本质，首先要明确教育评价的含义。目前，对教育评价的理解还呈现一种见仁见智、众说纷纭的局面。这里，笔者认为教育评价是根据一定的目的和标准，采取科学的态度和方法，对教育工作中的活动、人员、管理和条件的状态与绩效，进行质和量的价值判断。

游戏评价本质上属于以活动为对象的评价，但也涉及管理、人员等方面的内容。游戏评价的目的是对学前儿童游戏的条件（主要是物质条件）、过程和效果进行客观、准确的描述，并在此基础上依据一定的标准，在质和量两方面做出价值判断。基于以上分析，学前儿童游戏评价可定义为：幼教工作者依据一定的标准，运用科学的程序和方法，对与学前儿童游戏相关的条件、目标、过程和效果进行客观描述并做出价值判断的过程。当前，由于我国的游戏评价研究尚不完善，结果尚不丰富，严格按标准、规范对游戏进行精确的价值判断尚有困难。所以，目前我国的游戏评价实际上还属于对儿童发展价值的估量或推测，准确地说属于游戏评估。

（二）学前儿童游戏评价的类型

游戏评价的类型是人们根据一定的标准对游戏评价种类所作的划分。评价对象的多元性和评价方式的多变性等，使游戏评价的类型呈现多样化的态势。从评价的内容分析，游戏评价既包括对幼儿园游戏的组织和管理工作的评价，也包括对幼儿园某次游戏活动的评价，还可以是对游戏中教师或学前儿童具体行为的评价。

从游戏评价的主体来看，评价者既可以是幼教行政管理人员、大学或科研机构工作人员，还可以是幼儿园领导、教师，甚至学前儿童本身也可以成为评价的主体。从评价的功能来讲，游戏评价可以侧重了解学前儿童游戏的背景、原始基准和水平，为以后制订相关计划提供依据（属诊断性评价）；也可以参照教育目标的要求，判定学前儿童发展的水平、层次（属鉴定性评价）。

从评价进行的时间来看，游戏评价可分为形成性评价和终结性评价。形成性游戏评价指在一个相对较长的时段内，对学前儿童游戏的相关情况进行持续的评判，以及时了解和掌握游戏成效，从而为调控游戏提供依据。终结性游戏评价是指在一定时段（一学期或一学年等）的游戏结束之后，对游戏的总体效果进行鉴定的活动，其目的主要是向各级各类决策者提供信息。

从评价的参照体系来看，游戏评价可分为定性评价和定量评价。定性评价是指用客观、准确的语言描述学前儿童游戏的状况、特点和水平；定量评价则侧重于用数量显示游戏的性质和功能。

（三）学前儿童游戏评价的意义

游戏评价是幼儿园游戏活动开展的重要环节，对增强教师指导游戏的针对性、有效性，保证游戏的正常进行并使之不断更新、完善有重要的作用。

1.有利于增强教师组织和指导游戏的目的性

游戏活动是有着明确教育目标的教育活动。游戏活动的目标对教师组织、指导游戏的思路、做法具有明显的引导、规范作用。通过游戏评价，教师能准确地把握游戏情景创设的要求，把握游戏中学前儿童正常的行为方式和游戏后可预期的身心变化，从而有效地改进自身组织、指导学前儿童游戏的方法。

2.有利于游戏活动的改进和完善

由于多方面因素的影响，儿童游戏体现出强烈的变动性特征，其内容、规则、玩法等变化不定。无论是古老的游戏，还是新游戏，都可以通过创新使其趣味性和教育价值得到进一步的提升。游戏评价既能使教师和学前儿童发现游戏的长处，使其得以保持、发扬，也能帮助师幼双方总结游戏中出现的问题，并通过对问题的分析、解决，使游戏逐渐得到改进、完善和创新。

3.有利于学前儿童个别教育工作的开展

教育的根本目的在于使每一个个体都得到适合自己的发展。这就要求教师在做好集体教育工作的同时，有的放矢地做好学前儿童的个别教育工作。通过游戏评价，教师不仅可以了解全体学前儿童游戏的一般水平和状况，而且可以把握每个学前儿童在游戏中的特殊表现，判断和了解学前儿童的发展状况，从而为以后制订游戏计划，确定游戏指导策略，为做好个别教育工作奠定基础。

二、学前儿童游戏评价的指标体系

一般情况下,学前儿童游戏评价的指标体系是由专业的科研工作者制定的,作为教师,只需要学会在实践中理解、运用这些评价指标即可。

(一)评价指标体系的含义和结构

1.评价指标体系的含义

评价指标体系是指受评价对象、内容和评价目的决定的,由各级各项评价指标及其相应的指标权重和评价标准构成的集合体。评价指标是评价目标的具体化、行为化、可操作化,是构成目标的具体因素。从内涵分析,目标反映全貌、一般性,指标反映部分、个别。目标体现出明显的原则性、抽象性,指标则表现出较强的具体性、明确性。指标权重是表示每项评价指标在指标体系中所占的重要性程度,通常以一定的数值表示,这个数值称为对应指标的权数,或称权重。评价标准是衡量评价对象达到评价指标要求的尺度(也称标度)。根据评价内容与指标的符合程度,评价者可用等级或量化分数给予标示,如用优、良、中、差或1.0、0.8、0.6、0.4来表示。

2.评价指标体系的结构

教育评价指标体系的结构主要由评价内容、指标权重、评价标准和评价结果构成。有的也将搜集和处理评价信息的方法列入指标体系。评价内容可逐级分解为一级指标、二级指标、三级指标等。指标权重是表明每项指标在目标中的重要性程度。评价标准是衡量评价对象达到评价指标各项要求的程度。评价结果是对评价对象所作的等级、分数的判定。

(二)学前儿童游戏评价的项目及标准

学前儿童游戏评价从广义上分为两大类:一是对游戏教育实施的评价,如对教师指导游戏行为的评价、对环境及游戏材料创设与提供的评价、对游戏计划制订的评价等。二是对儿童游戏行为本身的评价,如评价儿童在游戏中的情绪状况、兴趣偏好、认知和经验水平、使用操作材料情况、语言水平、社会性表现以及游戏的自主性、创造性等。

狭义上，学前儿童游戏评价指对儿童游戏行为本身的评价，即游戏教育作用评价和儿童现有游戏发展水平评价。从广义的角度对游戏评价进行全面的阐释，评价的项目也就是游戏评价的内容，涉及游戏环境、游戏活动过程等方面。

1. 游戏环境评价

游戏环境直接影响学前儿童游戏的水平与效果，通常包括物质环境和精神环境。对游戏物质环境的考察、评价通常从以下几个方面进行：户外游戏场地、室内活动区的设置和游戏材料的提供。对游戏精神环境的评价主要通过人际关系来进行。

2. 幼儿园游戏活动评价

对幼儿园游戏活动的评价可采用定性评价与定量评价相结合的方式。一般而言，定性评价侧重于从以下几方面描述、鉴定游戏的状况：第一，游戏的内容是否健康，是否有益于儿童身心发展；第二，儿童在游戏中的自主程度如何，其积极性、主动性、创造性是否得到充分发挥；第三，学前儿童是否在遵守规则的前提下全神贯注地投入游戏，能否不依赖成人独立解决游戏中遇到的困难；第四，学前儿童在游戏中的合作性如何，是否表现出团结、友爱、协作等好的社会品质；第五，学前儿童是否会正确使用并爱护玩具，是否能自觉有序地收拾玩具等。

定性的描述和评价难以明确显示学前儿童游戏的环境、过程等多方面状况的特点、层次和水平，只用这种方法难以保证游戏评价的全面性、准确性。因此，对各个项目和标准的量化就显得非常必要。幼儿园应根据自身实际情况制定游戏评价、评估量化指标体系。

参考文献

[1]汪家园.我国幼儿教育领域中的游戏理论与实践探讨[J].天津教育，2020（36）：132-133.

[2]吴萍.试论学前教育的游戏化教学实践探究[J].智力，2021（8）：179-180.

[3]李家梅.学前教育中幼儿游戏教学的实践研究[J].学生电脑，2021，000（005）：1.

[4]王菲.游戏化视域下的学前教育音乐教学实践活动研究[J].智力，2022（28）：163-166.

[5]肖芊，唐梦迪，农金蒙，等.民族地区幼儿园语言游戏开展现状探究——以通海县兴蒙乡为例[J].幼儿教育科学，2023，5（3）：19-21.

[6]张晓燕.科学游戏在幼儿园学前教育中的实践与探索[J].当代家庭教育，2021（10）：65-66.

[7]陆灿华.幼儿教育中的游戏理论与实践[J].江西教育，2021（8）：59.

[8]路娟.学前教育理论及应用实践研究教学方法及理论[M].北京：首都师范大学出版社，2023.

[9]王燕.主动性区域游戏探索与实践教学方法及理论[M].西安：西安交通大学出版社，2023.

[10]杨俐.幼儿游戏与玩具[M].北京：北京师范大学出版社，2021.

[11]李妙兰，王阿丹，冼胜佳.幼儿园游戏活动指导教学方法及理论[M].广州：广东高等教育出版社，2022.

[12]唐翊宣，郑艳华.幼儿游戏行为观察分析与支持[M].北京：北京师范大学出版社，2022.

[13]闫坤.幼儿园课程游戏化的理论与实践探究[M].长春：吉林大学出版社，2020.

[14]崔宇.幼儿游戏理论与活动指导：微课版[M].北京：清华大学出版社，2021.

[15]董卉.学前教育专业学生游戏理论学习探讨[J].神州，2021（4）：110.

[16]朱宗顺.学前教育概论[M].北京：高等教育出版社，2021.

[17]张排排.回归自然理念在学前教育课程建设中的运用——评《幼儿园户外与自然游戏》[J].中国油脂，2023，48（10）：53.

[18]刘振莲.从幼儿园的游戏教学谈学前教育的创新与实践[J].当代家庭教育，2022（12）：180-182.

[19]吴琼，胡碧颖，管琳.幼儿园生活活动和自由游戏中教师语言示范行为分析[J].学前教育研究，2022（9）：35-46.

[20]胡鹏.游戏在幼儿园学前教育中的应用探讨[J].艺术科技，2019，32（08）：208，210.

[21]张晓辉.幼儿园课程[M].北京：北京师范大学出版社，2021.

[22]陈红.从幼儿园游戏中谈学前教育的创新与实践[J].教育界，2022（12）：3.

[23]刘凤鸾.从幼儿园的游戏教学谈学前教育的创新与实践[J].炫动漫，2022（5）：1-3.

[24]王佳玮.浅谈学前教育中幼儿音乐游戏的创编与实践[J].新课程研究，2022（3）：102-104.

[25]沈叶.从幼儿园游戏中谈学前教育的创新与实践[J].中文科技期刊数据库（全文版）教育科学，2022（7）：4.

[26]韦芳.基于游戏活动的幼儿园学前教育教学策略探究[J].国家通用语言文字教学与研究，2023（1）：179-181.

[27]张淑利.学前教育区域游戏的价值与策略[J].人民教育，2022（12）：77.

[28]崔强娟.探讨游戏在幼儿园学前教育中的应用[J].新课程（教研版），2021（52）：177.

[29]蔡红艳.基于幼儿园游戏教学探讨学前教育的创新与实践[J].前卫，2023（18）：201-203.

[30]邱海燕.幼儿园学前教育中游戏教学的运用[J].启迪与智慧（下），2023（7）：17-19.